別冊NBL / No.169

強調表示と打消し表示に関する景品表示法上の考え方

調査報告書の概説と関連分野からの考察・評価

大元慎二 [編集代表]
糸田省吾・河原純一郎・土橋治子・村 千鶴子 [編著]

 株式会社 商事法務

はしがき

　打消し表示に関する実態調査については、本書に御執筆頂いた研究会会員各位の御助言等を受けつつ、消費者庁東出浩一審議官（現公正取引委員会取引部長）の下、小職と本書執筆者、原山康彦課長補佐（1年目調査担当、現公正取引委員会取引企画課課長補佐）で実務に当たり、平成29年7月に最初の実態調査報告書を公表した。その後、平成30年5月にスマートフォンに関する実態調査報告書を、さらに同年6月には広告表示に接する消費者の視線に関する実態調査報告書をそれぞれ公表し、一連の打消し表示に関する調査をひとまず終えた。

　打消し表示の報告書の書籍化については、既に初年度の報告書の公表後、当該報告書と関係法令等を1冊にまとめて、普段から手元において活用頂けるようコンパクトで簡潔なものとして『打消し表示の実態と景品表示法の考え方』（商事法務、2017）を刊行しているが、各報告書は別途解説がなければ理解できないこととならないよう詳細に分析・整理し書き込んだことから、いずれも本文だけで100ページ程度から多いもので180ページほどにも及ぶものとなり、資料編を含めるとそれぞれが相当なボリュームのものとなっている。そうしたボリュームのあるものを広告ビジネスに関わる方がいきなり全て熟読して頂くにはやや負担が大きいものと想定され、何らか有機的、体系的に再整理したものが必要ではないかと考えた。また、報告書には盛り込んでいないが調査手法の技術的な観点の解説も今後の調査研究ないしビジネスにおいて役立つものと考えた。さらには、各調査の実施に当たっては有識者による研究会を設けたが、御参加頂いた第一線の有識者の方々に、一連の報告書を踏まえて、それぞれの専門の御見地から評価等を加えて頂くことが一連の報告書をより深く理解し、ビジネスや研究にも役立てて頂けるものと考えた。以上のような観点から、各執筆者の理解と責任に基づき、必要に応じて補足解説等を加え、また、各報告書での公文書特有の硬さの部分をなるべく平易な記述にして書き下ろしたのが本書である。

　研究会に御参加頂いた糸田省吾氏（座長、（一社）全国公正取引協議会連合会会長代行、元公正取引委員会委員）、河原純一郎氏（北海道大学大学院准教授）、土橋治子氏（青山学院大学経営学部教授）、村千鶴子氏（弁護士、東京経済大学現代法学部教授）、以上の皆様には、大変御多忙の中、短期間での本書執筆に御協力頂いた。各報告書は研究会なくしては取りまとめることはできなかったが、本書においても、御執筆のほか各種御助言等頂き、刊行に至ることができた。本書の作業責任者として、この場をお借りして改めて心より拝謝申し上げたい。

　そもそも広告表示は消費者に対して商品、サービスの選択に当たり特に重要な事項を訴求しているものであって、顧客獲得のための重要な競争手段であり、これが歪められれば競争が歪められ、消費者利益が損なわれることとなる。だとすれば、そうした重要事項を消費者に伝達する場合には、公正な手法によって行われるべきであるとの一貫した考え方が各報告書の根底にあると理解している。各報告書では景品表示法に違反するおそれがあ

はしがき

る場合のみならず、「求められる表示方法」や音声や画像など広告表示における構成要素の何が消費者に注意をひきつけるのかなどの分析結果も掲載している。それら重要な指摘の数々を1つにとりまとめた本書は、「打消し表示」という切り口から広告表示のあるべき姿を考えるに当たり必要な事項を網羅しているものであり、法務担当者のみならず広く広告ビジネスに携わる方に活用して頂き、消費者にとってより分かりやすい広告表示につながることを期待している。また、消費者保護法令の研究のみならずマーケティングや心理学など多方面での研究に従事されている方に役立てて頂ければ幸いである。

最後に、実態調査の調査実務を担当して頂いた三菱UFJリサーチ＆コンサルティング㈱（初年度調査及びスマートフォンの実態調査）及びみずほ情報総研㈱（消費者の視線に関する実態調査）の御担当者各位、並びに本書の出版に当たり御尽力頂いたNBL編集長の小山秀之氏及び同編集部の奥田博章氏、新嶋さくら氏にこの場をお借りして感謝申し上げる。

平成31年1月

消費者庁表示対策課長
大元　慎二

目　次

はしがき　　i
執筆分担　　vii

第1章　打消し表示に関する3報告書の整理・概説　　1

1　経緯、調査の趣旨 ……………………………………………………………… 2
2　広告表示の実態及び消費者の認識の実態 …………………………………… 5
　(1)　収集した広告表示に含まれる打消し表示の実態　　5
　(2)　消費者に起因する誤認の要因　　8
3　打消し表示の表示方法の問題 ………………………………………………… 12
　(1)　一般原則　　12
　(2)　動画広告における打消し表示　　17
　(3)　スマートフォンのWebページにおける打消し表示　　26
　(4)　紙面広告における打消し表示　　35
4　打消し表示の表示内容の問題 ………………………………………………… 38
　(1)　例外型（例外がある旨の注意書き）　　38
　(2)　試験条件型（一定の条件下での試験結果、理論上の数値等である旨を述べる注意書き）　　39
　(3)　別条件型（何らかの別の条件が必要である旨を述べる注意書き）　　41
5　表示方法と表示内容の両方が要因となって打消し表示の内容を認識できない場合 …………………………………………………………………………… 43
6　体験談の問題 …………………………………………………………………… 45
　(1)　体験談に関する認識　　45
　(2)　体験談に係る打消し表示の考え方　　47
　(3)　体験談と商品の効果、性能に関する合理的根拠　　48
7　おわりに ………………………………………………………………………… 48
打消し表示に関するQ&A　　52

第2章　調査手法の解説　　59

1　消費者意識調査の調査手法の解説 …………………………………………… 60
　(1)　Webアンケート調査の特徴　　60
　(2)　グループインタビュー調査の特徴　　61
2　視線調査の調査手法の解説 …………………………………………………… 62
　(1)　消費者意識調査とアイトラッキングの違い　　62
　(2)　視線の停留と、注意及び認識との関係　　63

(3)　視線調査で取得した情報　63
　(4)　視線調査の実施要領（被験者及び提示物）　66
3　動画広告における視線調査の解説……………………………………………66
　(1)　動画広告の特徴を踏まえたパターン分析　66
　(2)　各パターンの分析結果　68
4　紙面広告における視線調査の解説……………………………………………81
　(1)　各媒体に共通する表示の見方に関する分析（目立つ表示に注意が向きやすいか、また、目立たない表示には注意が向きにくいか）　82
　(2)　紙面広告において特徴的な表示の見方に関する分析（被験者ごとに紙面全体の中で特に長く視線が停留している箇所に対する見方に関する分析）　82
　(3)　打消し表示に対する認識に関する分析　83

第3章　打消し表示に関する表示方法及び表示内容に関する留意点（実態調査報告書のまとめ）　85

1　はじめに………………………………………………………………………86
2　打消し表示の表示方法について………………………………………………87
　(1)　基本的な考え方　87
　(2)　問題となる打消し表示の表示方法　88
3　打消し表示の表示内容について………………………………………………126
　(1)　基本的な考え方　126
　(2)　問題となる打消し表示の表示内容　126
4　体験談を用いる場合の打消し表示について…………………………………135
　(1)　体験談に関する景品表示法上の考え方　135
　(2)　体験談を用いる場合の留意点　136

第4章　打消し表示に関する実態調査に係る研究会委員による考察・評価　139

Ⅰ　打消し表示問題の法理と規制の実態
　　　　　　　　　（一社）全国公正取引協議会連合会会長代行　　糸田省吾　140
1　打消し表示問題の考え方………………………………………………………140
　(1)　強調表示と打消し表示　140
　(2)　景品表示法上の考え方　140
2　景品表示法上の視点……………………………………………………………140
　(1)　消費者誤認の判断要因　140
　(2)　打消し表示の形式的認識　141
　(3)　打消し表示の内容的認識　142

⑷　「個人の感想」表示　142
3　措置命令にみる打消し表示問題の実態………………………………………143
　⑴　形式的認識に係るもの　144
　⑵　形式的認識に係るもの（スマートフォンに係るもの）　145
　⑶　内容的認識に係るもの　147
　⑷　内容的認識に係るもの（個人の感想）　148
4　打消し表示問題への対応のあるべきすがた…………………………………150

II　認知心理学からみた気づく・気づかない広告表示の３要因
　　　　　　　北海道大学大学院文学研究院准教授　　河原純一郎　151
1　モノの要因………………………………………………………………………151
　⑴　物理的な差としてのモノ　151
　⑵　絶対的な数値・基準はない　152
2　意図の要因………………………………………………………………………152
　⑴　構えていないものは見落とす　152
　⑵　注意の負荷　153
3　過去の要因………………………………………………………………………154
　⑴　価値あるものに注意が向く　154
　⑵　近い過去の影響　154
4　まとめ……………………………………………………………………………155

III　誤認する消費者、しない消費者
　　　　　　　青山学院大学経営学部教授　　土橋治子　158
はじめに……………………………………………………………………………158
1　誤認とは何か……………………………………………………………………159
2　情報を処理する消費者…………………………………………………………160
3　第１の源泉──見ることができないのか、見たくないのか………………161
4　理解プロセスを捉える３つの観点……………………………………………162
5　第２の源泉──理解の多様性…………………………………………………163
6　理解できる消費者、できない消費者…………………………………………164
7　むすび……………………………………………………………………………166

IV　打消し表示に関する実態調査について
　　　　　　　東京経済大学現代法学部教授・弁護士　　村　千鶴子　168
1　はじめに…………………………………………………………………………168
2　打消し表示………………………………………………………………………169
　⑴　景品表示法の表示の考え方　169
　⑵　平成20年報告書　169
　⑶　強調表示と打消し表示　170
　⑷　打消し表示の在り方　170

3 スマホ表示 …………………………………………………… 171
- (1) スマホの表示の特徴　171
- (2) 消費者はスマホ表示をどのように見ているか　172
- (3) 認知心理学の視点から　173
- (4) スマホ表示の在り方について　173

4 まとめ …………………………………………………………… 173

資　料　編　　　　　　　　　　　　　　　　　　　　175

打消し表示の実態調査の表示例①　176
打消し表示の実態調査の表示例②（視線調査でも使用した表示例（動画広告））　180
打消し表示の実態調査の表示例③　181
打消し表示の実態調査の表示例④（視線調査でも使用した表示例（動画広告））　182
打消し表示の実態調査の表示例⑤（視線調査でも使用した表示例（動画広告））　183
打消し表示の実態調査の表示例⑥　184
スマートフォンの調査の表示例①（視線調査でも使用した表示例）　185
スマートフォンの調査の表示例②（視線調査でも使用した表示例）　187
スマートフォンの調査の表示例③　191
スマートフォンの調査の表示例④（視線調査でも使用した表示例）　195
スマートフォンの調査の表示例⑤　197
視線調査の表示例①　200
視線調査の表示例②　201
視線調査の表示例③　202
調査に用いた表示例①の改善例　203
調査に用いた表示例②の改善例　205
調査に用いた表示例③の改善例　208
調査に用いた表示例④の改善例　211

参　考　　　　　　　　　　　　　　　　　　　　　　213

執筆分担

第1章　打消し表示に関する3報告書の整理・概説

　　　　　　　　　　　　　　　　　　大元慎二　消費者庁表示対策課長

第2章　調査手法の解説

　　　　　　　　　　　　　　　　　　田中裕太郎　前消費者庁表示対策課

第3章　打消し表示に関する表示方法及び表示内容に関する留意点（実態調査報告書のまとめ）

　　　　　　　　　　　　　　　　　　鈴木佳子　消費者庁表示対策課課長補佐

第4章　打消し表示に関する実態調査に係る研究会委員による考察・評価

　Ⅰ　打消し表示問題の法理と規制の実態

　　　　　　　　　　　　　　　　　　糸田省吾　（一社）全国公正取引協議会連合会会長代行

　Ⅱ　認知心理学からみた気づく・気づかない広告表示の3要因

　　　　　　　　　　　　　　　　　　河原純一郎　北海道大学大学院文学研究院准教授

　Ⅲ　誤認する消費者、しない消費者

　　　　　　　　　　　　　　　　　　土橋治子　青山学院大学経営学部教授

　Ⅳ　打消し表示に関する実態調査について

　　　　　　　　　　　　　　　　　　村千鶴子　東京経済大学現代法学部教授・弁護士

資料編

・調査に用いた表示例の見方

　　　　　　　　　　　　　　　　　　田中裕太郎　前消費者庁表示対策課

・調査に用いた表示例の改善例

　　　　　　　　　　　　　　　　　　山崎敏崇　前消費者庁表示対策課景品表示調査官

第1章

打消し表示に関する3報告書の整理・概説

第1章　打消し表示に関する3報告書の整理・概説

1　経緯、調査の趣旨

☆ポイント

　消費者庁は打消し表示に関して2段階に分けて調査を行った。

1年目「打消し表示の実態調査」、2年目「スマートフォンの調査」
- 「打消し表示の実態調査」で約500点の広告を収集し、広告表示の実態を把握。
- → 実態をもとに表示例を作成。1,000人以上の消費者意識調査で誤認の状況を把握。
- ⇒ 打消し表示を消費者が認識できず、景品表示法上問題となる場合を示す。

「視線調査」で実証

2年目「視線調査」
消費者は広告のどこに注意が引き付けられやすく、どこに注意が向きにくいかを調査。
どういう場合は打消し表示が消費者に認識され、どういう場合は認識されないのかを整理。

【図表1】　強調表示と打消し表示の例

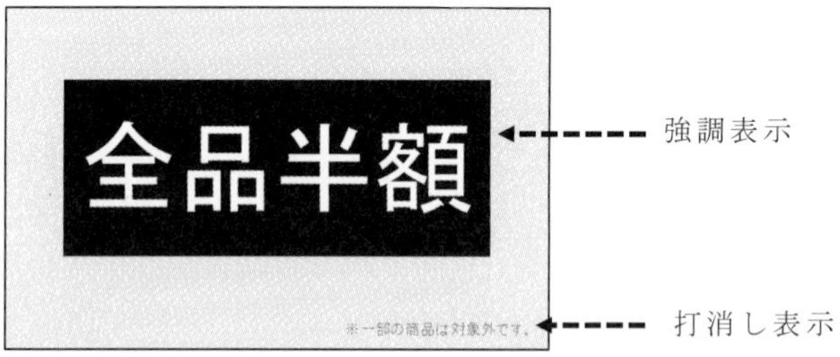

全品半額　←------ 強調表示

※一部の商品は対象外です。　←------ 打消し表示

　打消し表示とは、広告表示において、価格の安さなどを強く訴求した表示（これを強調表示という。）内容について、例外条件がある場合の表示のことである。例えば、「全品半額」と大きく強調しておきながら、「一部の商品は対象外です」などと強調表示の内容を打ち消すことが書いてあるものである。通常、強調表示は大きく目立つように表示されている一方、打消し表示は、それに比べて小さく記載されるなど消費者が認識しにくい表示方法であったりすることが多い。打消し表示の文字が小さかったり、広告の隅の方に書いてあることで消費者が認識できないような記載振りの広告表示は、消費者の合理的な商品選択を阻害するおそれのあるものであり、消費者の誤認を招くおそれのある不当な表示を規制する景品表示法に違反するおそれがあるものである。

　この打消し表示に関しては、これまでに、平成20年に初めて公正取引委員会が実態調査報告書（「見にくい表示に関する実態調査報告書」）を公表したり、いくつかの個別の事件

において打消し表示が不適切な方法で表示していた事実が認定されているが、事業者に対し、不適切な打消し表示の是正を促すには、現在行われている広告表示の全体像を明らかにすること、その上で事業者の違反行為の未然防止と予見可能性のために体系的かつ具体的な考え方を示すことが必要と判断した。

そして、抜本的に打消し表示の改善を求めるためには、消費者に認識されない場合は景品表示法上問題となるという大枠を示すだけでは足りず、具体的に問題となりうる表示方法などを示すとともに、それが説得的であるために、実際の広告表示を満遍なく収集し、より多くのデータをもとに問題点を指摘することが必要であった。そこで、以下のとおり、2段階に分けて調査を行った。

1年目の「打消し表示の実態調査」では、まずは巷に溢れる打消し表示を含んだ広告表示の実態を明らかにするため、普段消費者がよく目にする新聞、テレビなどの動画、Webページ（PC及びスマートフォンの）4媒体の広告を合計約500点収集した。さらに、1,000人による消費者意識調査を通じて、打消し表示に対する認識の実態を明らかにするとともに、収集した広告表示の実態を踏まえて作成した広告表示例（模擬広告）をもとに消費者の誤認の状況を把握して、従来よりも一歩踏み込んだ媒体別の景品表示法上の考え方を示すこととした。

2年目は、1年目ではリソースの関係で調査できなかったスマートフォンについて調査を実施し（「スマートフォンにおける打消し表示に関する実態調査（スマートフォンの調査）」）、1年目の調査と同様に、1,000人の消費者意識調査を通じて、スマートフォンの表示に対する消費者の接し方の実態を明らかにするとともに、表示例をもとに消費者の誤認の状況を明らかにした。

また、2年目は、研究会のメンバーである土橋治子青山学院大学教授のご提案を踏まえ、上記の2つの調査報告書で示した景品表示法上問題となる表示方法により実際に消費者が打消し表示を認識できないのかを実証した（「広告表示に接する消費者の視線に関する実態調査（視線調査）」）。視線調査では、1年目の報告書の周知活動の中で、さらに踏み込んだ判断要素を示して欲しいといった要望等を踏まえ、消費者は広告のどこに注意が引き付けられやすく、どこに注意が向きにくいかを明らかにすること、すなわち、打消し表示がきちんと消費者に認識されるための要素の分析を試みることとした。2年目の視線調査の報告書では具体的にこういう場合は文字の大きさは何ポイント以上にすること、といった基準を示してはいないが、どういう場合は打消し表示が消費者に認識され、どういう場合は認識されないのか、という点は明らかにできたと考えており、一定の事業者ニーズにも応えるものになっていると考えている。

他方、視線調査では、打消し表示が消費者に認識されるためには複数の要素が関係することも明らかになっており、文字の大きさなど個別の要素を違法性の判断基準として、これについての具体的かつ一律の数値基準を示すことは困難であること、また、本当に消費者に認識されるかの確認を事業者が十分確認しないままに機械的に表示をするおそれもあることから、そうした基準は示していない。

この点については、認知心理学の観点からも、打消し表示が消費者に知覚され、その内

第1章 打消し表示に関する3報告書の整理・概説

容が記憶に定着するか否かについては、文字の大きさなどの個別の要素だけからは判断することができず、少なくとも以下の3つの観点を考慮する必要があるといわれている。

① 強調表示と打消し表示の物理的なコントラスト（強調表示と打消し表示の相対的な文字の大きさのバランス、色の対比など）
② 広告を見る際の消費者の現在の意図
③ 広告を見る消費者の持つ価値観、過去の経験

打消し表示の実態調査報告書の冒頭では、強調表示と打消し表示の基本的な考え方として次のことを示している。

① 強調表示と打消し表示との関係は、強調表示の訴求している内容が商品・サービスの実際を反映していることが原則であり、打消し表示は強調表示だけでは一般消費者が認識できない例外条件、制約条件がある場合に例外的に使用されるべきものである。
② 強調表示と打消し表示が矛盾するような場合は、一般消費者に誤認され、景品表示法上問題となる。例えば、広告に掲載した体験談で商品の効果、性能等を標ぼうしているにもかかわらず、「効果、効能を表すものではありません」等と、あたかも体験談が効果、性能等を示すものではないかのように記載する表示は、商品の効果、性能等を標ぼうしていることと矛盾している。

事業者においては、まずはこの基本的な考え方を前提として、各報告書で明らかにしている実態や考え方を理解し、適切な情報伝達を行うことが求められる。

消費者庁が実施した打消し表示に関する3つの実態調査	
実態調査報告書	調査の概要
「打消し表示に関する実態調査報告書」（H29.7公表）	・約500点の表示物収集・分析及び消費者意識調査。 ・<u>全ての表示媒体共通</u>、<u>動画広告及びWeb広告（PC）</u>における打消し表示の表示方法、打消し表示の表示内容並びに<u>体験談</u>についての景品表示法上の考え方を示した。
「スマートフォンにおける打消し表示に関する実態調査報告書」（H30.5公表）	・スマートフォンの表示に関する消費者意識調査。 ・<u>スマートフォンにおける打消し表示の表示方法及び打消し表示の表示内容</u>についての<u>景品表示法上の考え方</u>を示した。
「広告表示に接する消費者の視線に関する実態調査報告書」（H30.6公表）	・紙面広告、動画広告及びスマートフォンの表示について、<u>表示の要素（音声、画像、文字等）</u>ごとに、視線の動きと消費者の認識を分析。 ・<u>視線の動き等を踏まえ</u>、景品表示法上の考え方及び<u>適切な広告表示のあり方</u>を示した。

以下では3つの実態調査報告書を整理し、概説する。各報告書及び調査に用いた表示例は動画も含め全て消費者庁のWebサイトに掲載しているので、必要に応じて参照して頂きたい。

2 広告表示の実態及び消費者の認識の実態

☆ポイント

○ 収集した広告表示に含まれる打消し表示の実態
・新聞広告、動画広告、Web 広告（PC 及びスマートフォン）を合計 494 点収集。
・打消し表示の内容は、「例外型」、「体験談型」など主に 7 つの類型。
・各媒体の打消し表示の表示方法について、配置箇所や文字の大きさ、強調表示との文字の大きさのバランス等から整理。
・動画広告では、打消し表示が音声で流れず、時間内に文字を読んで理解することも困難。

○ 打消し表示に対する普段の認識等に関する実態
・打消し表示は企業が不都合なことを隠すために使われるなど、打消し表示を普段から意識している者が 68.0％。
・打消し表示を普段から意識している者であっても、媒体ごとに約 50％〜70％強が打消し表示を「見ない」という実態。

○ スマートフォンの表示に対する接し方に関する実態
・スマートフォン利用者の 66.5％が目に留まった情報だけを拾い読みをする傾向。
・過去 1 年間のスマートフォンでの取引経験者のうち、39.2％が打消し表示に気付かず購入・申込みをした経験あり。
・「自宅で、くつろいでいるとき」に誤認する場合が最も多い。

(1) 収集した広告表示に含まれる打消し表示の実態

ア 打消し表示の表示内容に関する実態

1 年目の打消し表示の実態調査において、平成 28 年 11 月〜12 月の 2 ヶ月にわたり、新聞、テレビなどの動画、Web ページ（PC 及びスマートフォン）という一般消費者が普段の生活において広告表示に接すると想定される主要な媒体を対象として、打消し表示が含まれる広告表示を合計 494 点収集した。これを内容別に整理すると、多い順に、

① 例外型（例外がある旨の注意書き）29.8％
② 体験談型（個人の感想であるなどの体験談に関する注意書き）22.9％
③ 別条件型（何らかの別の条件が必要である旨を述べる注意書き）14.6％
④ 非保証型（効果、性能等を保証するものではない旨を述べる注意書き）9.9％
⑤ 変更可能性型（予告なく変更する可能性がある旨を述べる注意書き）8.3％
⑥ 追加料金型（強調表示で示した代金以外の金銭が追加で必要になる旨を述べる注意書き）

8.1%
⑦　試験条件型（一定の条件下での試験結果、理論上の数値等である旨を述べる注意書き）
4.3%

の7つの類型があることが判明した（いずれの類型にも分類できなかった「その他」は2.0%）。注意書きのないものはないというくらい多岐にわたっているといえる。それだけ、消費者は、広告表示の隅々まで相当な注意を払って見なければならない状況にあるともいえる。

イ　打消し表示の表示方法に関する実態

収集した広告表示に含まれる打消し表示を文字の大きさ、表示時間などで整理すると以下のような結果となった。

①　表示場所

新聞広告では強調表示から5cm以内に打消し表示が表示されているものが全体の76.5%で、10cm以上離れているものは12.6%であった。

Web広告（PC）では強調表示と打消し表示が同一画面にあるものが75.2%であった。

②　表示されるタイミング

動画広告では、打消し表示が表示されるタイミングは強調表示と同時のものが72.0%であった。

①②の実態から打消し表示と強調表示は同一画面、同タイミングで表示される場合が多いが、それだけでは問題が解消されないこと、特に動画広告では人は短い時間に多くの情報全てを処理することができないことに留意する必要がある。

③　打消し表示の文字の大きさ

新聞広告、Web広告（PC）（15インチ画面）では80%以上が10ポイント未満であり、動画広告（43インチ画面）では90%弱が30ポイント以上であった。

④　強調表示と打消し表示の文字サイズのバランス

新聞広告、動画広告、Web広告（PC）は、概ね同様のバランスで、打消し表示の文字サイズは強調表示の大きさの30%未満が46.9%〜56.2%であった。

【図表2】 強調表示と打消し表示の文字サイズのバランス

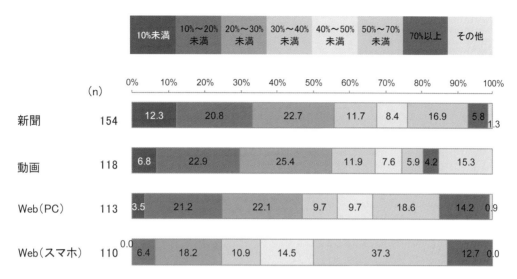

（注）文字サイズのバランスの求め方：文字サイズバランス（％）＝打消し表示の文字サイズ（ポイント）÷強調表示の文字サイズ（ポイント）×100

　③④の実態から、受動的に見ることが多い動画広告では比較的文字サイズは大きいものの、強調表示と打消し表示の文字の大きさの比率という点ではWeb広告（スマートフォン）を除き、媒体特有の実態はみられなかった。なお、Web広告（スマートフォン）では文字サイズの比率が50％～70％程度のものが4割弱と最も多くなっている。表示画面の大きさが他の媒体に比べてより制約があるスマートフォンの場合、文字の大きさではそれほど極端な差はない場合も多いようである。ただし、スマートフォンの調査の結果、人はスマートフォンの表示を「拾い読み」することが多く、他の媒体に比べて文字サイズの比率の差が小さいからといって消費者の誤認の可能性が低いとはいえないことに留意する必要がある。

　⑤　動画広告における表示方法

　動画広告では、強調表示は約70％が文字と音声の両方で表示されているのに対し、打消し表示は文字のみで表示されているのが99.2％であり、音声でも表示されていたのは僅か0.8％であった。

【図表3】 動画広告の表示の方法（N：収集した動画広告118点）

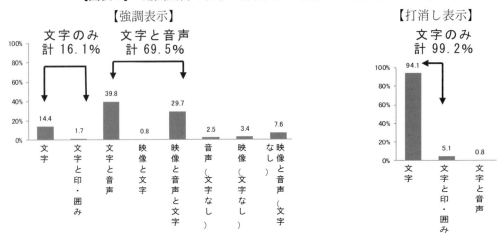

　文字数をみると、動画広告における強調表示の文字数は「10～20文字未満」が5割弱を占めるのに対し、打消し表示の文字数は「20～30文字未満」が3割強を占めている。
　また、動画広告では打消し表示の表示時間は「2秒以下」が4割強を占め、最も高い割合であった。
　2年目に行った視線調査では、動画広告では音声が消費者の注意をよく向けさせる要素であることが判明したが、上記のような実態では、文字のみで音声では流れない打消し表示には消費者の注意が向きにくく、また、注意が向いたとしても、まともに文章を読んで理解することは表示時間と文字数からして困難であることが容易に想像される。

(2) 消費者に起因する誤認の要因

ア　打消し表示に対する普段の認識等

　景品表示法は一般消費者が誤認するおそれのある表示を規制するものであり、消費者が普段から打消し表示をどのように捉えているかを明らかにすることは行政にとっても、事業者にとっても重要である。
　1年目の打消し表示の実態調査において、打消し表示に対する「普段の意識」を調べてみたところ、打消し表示をわざわざ見ないとか重要な内容が含まれているとは思わないなど打消し表示の重要性をよく意識していない者が3割程度であった一方、企業が不都合なことを隠すために打消し表示が使われていると感じるなどネガティブな意見も含め、多くの者（前記3割以外の者）が打消し表示に対して意識を持っていることが判明した。

2 広告表示の実態及び消費者の認識の実態

【図表4】 打消し表示に対する普段の意識（複数回答）

打消し表示をあまり意識していない回答者 32.0%

(N=1,000)

項目	%
例外事項や条件などの重要なことが書かれている	39.6
注意書きや注釈を読まなかったことにより、想定外の商品やサービスを購入してしまったことがある	14.0
注意書きや注釈を読んだことで、想定外の商品やサービスを購入せずに済んだことがある	19.1
企業が不都合なことを隠すため、小さい文字を使っていると感じることがある	51.6
企業が不都合なことを隠すため、難しい表現（～専門用語など）を使っていると感じることがある	30.9
企業が不都合なことを隠すため、曖昧な表現を使っていると感じることがある	36.6
そもそも注意書きや注釈が必要な商品やサービスは売るべきではない	15.8
注意事項などはわざわざ読まなくても大体わかると思う	4.9
注意事項などにわざわざ読むほど重要な内容が含まれているとは思わない	5.5
特に何も思わない	23.1
その他	0.3

　他方、そうした者であっても、実際に新聞や動画などで打消し表示を意識して見るかと尋ねたところ、媒体ごとに差はあるものの、約50％～70％強という高い割合で打消し表示を見ないという回答になっている。

　なぜ打消し表示を見ないのか理由を尋ねると、どの媒体でもほぼ同様で、小さくて読みにくい、読むのが面倒、主要のメッセージだけ読めば十分、などの回答が多かった。

　打消し表示への問題意識はあるものの、実際に広告に接する場面では読めない（読みにくい）ので読まないという消費者に、如何にしっかりと読ませ、認識させるか、大いなる工夫が事業者に求められることが消費者の認識の実態からうかがえる。

イ　スマートフォンに係る消費者の認識等～4割の消費者が被害
(ｱ)　スマートフォンの表示に対する接し方

　2年目のスマートフォンの調査において、普段の生活においてスマートフォンで商品やサービスのWebページに接することが多い場所を尋ねたところ、「自宅で、くつろいでいるとき（他のことをしている時を除く）」が最も多い結果となり（73.7％）、そのほか外出先、電車・バスの中なども20％～30％程度とそれなりの比率となっており、手軽に扱えるというスマートフォンの特徴から日常生活の様々な場面で使われていることが改めて明らかとなった。

　スマートフォンの画面上の表示への接し方について尋ねたところ、目に留まった情報だけを拾い読みをするというのが、合計で66.5％という数字になったことが注目される。グループインタビューでは、「大きな文字や画像しか目に入らない」、「目立たない文字は見ない」、「写真や大きな文字の間の注意書きは目立たない」、「強調された表示と同じ背景色になっているところは関連情報として読むがそこからはみ出したところの文字は読ま

い」といった表示への接し方、画面構成に係る意見が聞かれたが、これらの意見は拾い読みするとの実態に符合している。

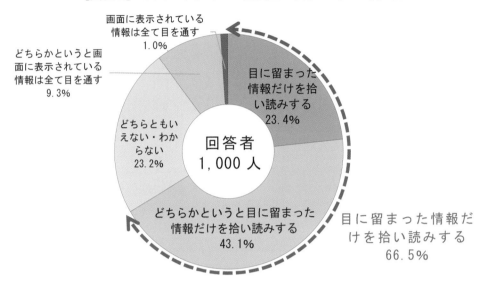

【図表5】 スマートフォンの画面上の表示に対する接し方

また、内容が続いていてもスクロールして下まで「読まない」という人が合計40.4％にものぼり、「読む」という人の割合は合計で23.7％にとどまった。さらに、気になる情報を見つけるとすぐに画像や文字のリンクをタップするという人が38.2％と高い比率となった。

スマートフォンの「手軽さ」とともに、この「拾い読み」はスマートフォンの調査の最も重要なキーワードである。事業者側はこうした消費者の読み方も踏まえた上で表示を作成しなければならない。同時に、消費者側にもスマートフォンの表示への接し方について改善すべき点があることを示唆している（下記の取引経験において、4割程度の人が誤認して購入したことがあるというのは、表示方法の問題だけでなく、読み方自体の問題もあることがうかがえる。）。

(イ) スマートフォンでの取引経験等

スマートフォン上の広告の閲覧経験を尋ねたところ、スマートフォン上の広告をタップしたことがある人は合計60.8％にのぼり、そのうち、検索記事に紛れるような広告をタップしたのが68.1％であった。また、スマートフォンで商品・サービスの購入・申込みをした割合を尋ねたところ、55.1％が過去1年間に取引経験があると回答した。

過去1年間に取引経験がある者（551人）に対し、購入・申込みの経緯を尋ねたところ、他の媒体、店頭で知った上で申込みをしたという回答が最も多かったが（他媒体50.6％、店頭44.6％）、偶然見つけたから（42.8％）、広告が目に留まったから（24.1％）という回答も多く、スマートフォンがB to C取引における極めて有力なツールになっているとともに、偶然見つけたといったスマートフォンの手軽さゆえの行動が明らかとなった。

2　広告表示の実態及び消費者の認識の実態

【図表6】　スマートフォンでの購入・申込みの経緯（複数回答）

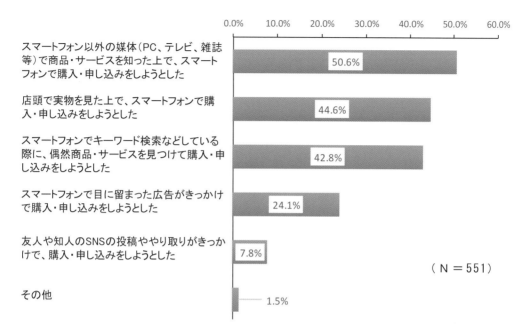

次に、スマートフォンで誤認して申し込んだ経験を尋ねたところ、打消し表示に気付かず購入・申込みをした割合は合計39.2％にのぼり、注意書きを読んだので想定外の購入をせずに済んだ（29.9％）との回答を大きく上回った。

【図表7】　過去1年間の取引経験者（551人）のうち、スマートフォンで打消し表示に気付かずに商品・サービスの内容や取引条件を誤認して購入・申込みをした者の割合（複数回答）

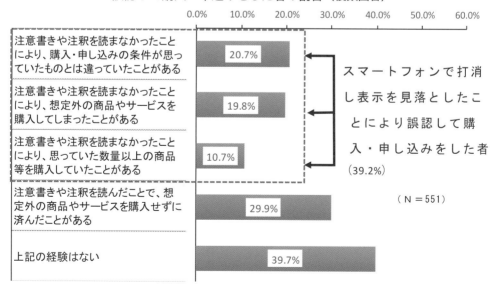

11

どのような場面で打消し表示に気付かずに誤認したかを質問したところ、「自宅で、くつろいでいるとき（他のことをしているときを除く）」に誤認したとの回答が最も多かった（76.4％）。

外出先など十分に注意して表示をみることができないおそれのある場面だけでなく、自宅という他に注意を払う必要がなく画面に集中できる環境において多く誤認している実態はスマートフォンをとりまく問題の根深さが表れているものとみることができる。スマートフォンの調査では、以上のような実態を踏まえ、表示方法の問題等の分析と景品表示法上の評価を行っている。

3　打消し表示の表示方法の問題

(1)　一般原則

> ☆**ポイント**
> ○　全ての媒体に共通する要素として、打消し表示の内容を一般消費者が正しく認識できるように適切に表示されているか否かは、以下の要素等から総合的に判断される。
> 【要素】
> ・打消し表示の文字の大きさ
> ・強調表示の文字と打消し表示の文字の大きさのバランス
> ・打消し表示の配置箇所
> ・打消し表示と背景との区別

各調査において、どのような表示方法で打消し表示が表示されている場合に一般消費者が誤認するかを調べるため、収集した実際の表示物を参考に、下記のとおり、合計で、紙面広告3例、動画広告3例、Web広告（PC）2例及びWeb広告（スマートフォン）4例を作成した（この他に、表示内容に関する調査のために作成した表示例を含め全ての表示例を本書資料編に掲載している。また、動画も含め調査で使用した表示例を、消費者庁のWebサイトに掲載している。）。それら広告表示例は、実際に収集した複数の事例をベースに作ったもので、極端に認識しにくいものを作成したわけではない。

【図表8】　表示方法の調査に用いた表示例　※表示内容は本書資料編を参照

紙面広告3例	視線調査の表示例①～③
動画広告3例	打消し表示の実態調査の表示例②、④、⑤
	※上記3例は視線調査にも使用。
Web広告（PC）2例	打消し表示の実態調査の表示例①、③

Web広告（スマートフォン）4例	スマートフォンの調査の表示例①、②、③、④
	※上記4例のうち①、②、④は視線調査にも使用。

　各調査の結果では、多くの人が打消し表示を認識できないとの結果が出たが、実際にあり得る表示例での誤認の状況を踏まえれば、現実の生活においても、消費者は誤認をしている可能性がある。前述のとおり、スマートフォンの調査では、過去1年間の取引経験者（551人）のうち4割が誤認して商品を購入した経験があると回答している。これらの結果は現実世界における問題点が表れていると言え、事業者の改善対応、行政による問題表示事案の処理は喫緊の課題となっているといえよう。以下の景品表示法の整理について、是非、よく理解の上、問題とならないような広告表示の作成に当たっていただきたい。

ア　基本的な考え方（媒体共通の留意点）

　強調表示と打消し表示は対になる関係にあることから、消費者が両方とも適切に認識できるように表示されなければならない。

　以下では調査結果をもとに整理した全ての媒体に共通する留意すべき点を概説するが、以下のような問題のある表示方法により消費者が打消し表示を正しく認識できない場合は景品表示法に違反するおそれがある。

⑺　打消し表示の文字の大きさ

　広告を見た消費者が打消し表示を見落とすほど小さな文字で表示されている場合には、一般消費者が正しくこれを認識できず、商品、サービスの内容や取引条件を誤認するおそれがある。これは仮に打消し表示が強調表示に隣接した箇所に記載されていたとしても、文字が小さすぎる場合には消費者が当該打消し表示を認識されないことがあるという意が当然に含まれる。

【図表9】　打消し表示の実態調査の表示例④

第1章　打消し表示に関する3報告書の整理・概説

【調査結果】
・Webアンケート調査では、強調表示（「ABCMOBiLEポイント5万円分プレゼント」）に気付いた回答者（345人）のうち、92.5％（319人）の回答者が打消し表示（「※スマホ超割に加入する必要があります。」）を見落としていた。
・「読みにくさを感じた点」について、上記の打消し表示を見落とした者のうち、58.0％（185人）が「文字が小さい」と回答した。

(ｲ)　強調表示と打消し表示の文字の大きさのバランス

　打消し表示の文字の大きさが強調表示の文字の大きさに比べて著しく小さい場合、そのような広告を見た消費者は印象の強い強調表示に注意が引き付けられ、打消し表示に気付かないことがあり得る。これはバランスの問題であり、打消し表示自体の文字の大きさが仮にそれなりの大きさであったとしても、強調表示の文字とのバランスにおいて、打消し表示が消費者の注意を引き付けるものでなければ消費者はこれを正しく認識できず、商品、サービスの内容や取引条件を誤認するおそれがあることに留意する必要がある。

【図表10】　打消し表示の実態調査の表示例①

【調査結果】
・Webアンケート調査では、Webページ上に複数表示される各強調表示に気付いた回答者のうち、それぞれの強調表示に対する打消し表示について、84.3％～94.2％が見落としていた。
・グループインタビュー調査では、打消し表示に気付かなかった回答者の意見として、(i)打消し表示の文字が小さいために、打消し表示に気付かなかった、(ⅱ)強調表示の文字だけが目に入ったとの意見が聞かれた。

(ｳ)　打消し表示の配置箇所、Webページ（PC、スマートフォン）のスクロール問題

　打消し表示の配置箇所は、消費者が適切に商品、サービスの内容や取引条件を認識するための重要な要素である。

3　打消し表示の表示方法の問題

　1年目の打消し表示の実態調査報告書では、打消し表示の配置箇所に問題があるかどうかは、①強調表示と打消し表示がどの程度離れているかというだけでなく、②強調表示と打消し表示の文字の大きさなども勘案して判断されるものとされている。つまり、打消し表示の文字の大きさはそれ自体見落とすほど小さくない場合であっても、強調表示と離れていることにより両者を一体として認識できなければ問題となるということである。

　また、打消し表示の配置箇所に関しては、特にPCやスマートフォンの広告で問題となり得ることとして、スクロールしながら画面の内容を見るという特性から、強調表示と打消し表示が同一画面にあるか否かによって消費者が認識できるかどうかが異なることが一連の調査の結果判明した。

　1年目の打消し表示の実態調査では、強調表示と同一画面に打消し表示がある場合と、強調表示からスクロールが必要な場所にある場合を比べると、強調表示からスクロールが必要な場所にある場合の方が、一般消費者が打消し表示を見ない（読まない）傾向があることが判明した。

【図表11】　回答者1,000人のうち、普段、Webページの打消し表示を「見ない（読まない）」と回答した割合

	強調表示と同一画面にある場合	強調表示からスクロールが必要な場所にある場合
PC	57.1%	64.6%
スマートフォン	70.0%	75.1%

　そして、同報告書では、上記の結果や、具体的な表示例の調査において、強調表示からスクロールが必要な場所に打消し表示が見落とされていた結果を踏まえ、打消し表示が強調表示よりも1スクロール以上離れている場合は、①強調表示の前後の文脈や強調表示の近くにある記号等から一般消費者が打消し表示の存在を連想するか、②どの程度スクロールする必要があるか等を勘案して消費者が打消し表示を正しく認識できるかを判断するものとしている。これに関連し、スマートフォンの調査では強調表示に近接した箇所に「※」記号があったとしても、遠く離れた箇所に※のあとに続いて記載されている打消し表示は認識できないおそれがあることが判明した。「※」による誘導が万全ではないことには注意が必要である。

第 1 章　打消し表示に関する 3 報告書の整理・概説

【図表 12】　打消し表示の実態調査の表示例②

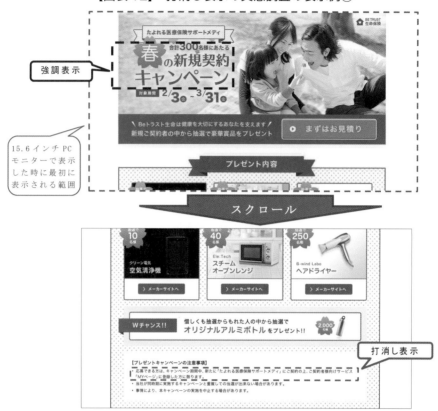

【調査結果】

・Web アンケート調査では、強調表示（「新規ご契約者の中から抽選で豪華賞品をプレゼント」）に気付いた回答者（310 人）のうち、67.7％（210 人）の回答者が打消し表示（「・応募できる方は、キャンペーン期間中、新たに『たよれる医療保険サポートメディ』にご契約の上、ご契約者様向けサービス『MY ページ』に登録した方に限ります。」）を見落としていた。

・「読みにくさを感じた点」について、上記の打消し表示を見落とした者のうち、40.5％（85 人）が「画面を下に移動させる必要があり、文字の存在に気づきにくい」と感じると回答していた。

⑴　**打消し表示と背景との区別**

　打消し表示の文字の色と背景の色が対照的でない場合、消費者は打消し表示に気付かないおそれがある。たとえば、白の背景に黒の文字で打消し表示を行えば打消し表示は目立つが、明るい文字（水色や黄色、オレンジ）の背景に白色の文字で打消し表示を行う場合は打消し表示が目立たず、これを認識しづらい。また、打消し表示の背景が無地の単色ではなく、複数の色彩が入り組んでおり、打消し表示の文字と背景との区別がつきにくいような場合も、打消し表示を認識しづらい。特に、PC やスマートフォンなどでは画面自体

の明るさも相まって、より認識しづらい場合があり得ることに留意が必要である。

【図表13】 打消し表示の実態調査の表示例⑤

【調査結果】
・Webアンケート調査では、別の画面に表示された強調表示（「4割引きセール!!」）に気付いた回答者（539人）のうち、79.8%（430人）の回答者が打消し表示（「※20,000円以上の商品に限ります。詳しくは店頭で。」）を見落としていた
・「読みにくさを感じた点」について、上記の打消し表示を見落とした者のうち、22.6%（97人）が「表示の場所や配置が悪い」と感じると回答し、17.7%（76人）が「表示の背景がごちゃごちゃしている」と感じると回答した。

(2) 動画広告における打消し表示

☆ポイント
○ 打消し表示の実態調査では、動画広告の表示例3点において、多数の回答者が打消し表示を見落とした結果の要因として、以下のような動画広告で特徴的な要素を挙げている。
【動画広告における要素】
・打消し表示の表示される時間
・強調表示と打消し表示が別画面に表示されるか
・音声等による方法
・複数の場面で内容の異なる複数の強調表示及び打消し表示が提示されるか

○ 視線調査では、動画の視聴者が文字、音声、人物のいずれの要素に注意が引き付けられるかを分析し、「文字のみの表示」が認識されないおそれがあることや、表示に注意を向けさせる上では音声を活用すべきことなどを明らかにした。

動画広告については、1年目の打消し表示の実態調査で表示例を3例作成し、消費者が

打消し表示をどの程度認識するかを確認するとともに、認識できない要因を明らかにした。2年目の視線調査では、その3つの表示例を用いて、画面のどこに消費者は視線を向けるのかを把握し、初年度に整理した景品表示法上の考え方などが妥当かどうかを実証するとともに、得られたデータをもとに、文字、音声、人物などどのような要素が消費者の注意を引き付けるのかを分析して、打消し表示を認識できるように表示するためにどういう点に留意すべきかを整理している。

ア　1年目の打消し表示の実態調査の結果

　動画は画像と音声により構成されるものであり、視聴者は数十秒という短時間に多くの情報を受け取ることになる。前記2の広告表示の実態でも紹介したが、収集した実際の動画広告では、強調表示は文字と音声両方で行われている場合が7割程度であるのに対し、打消し表示は99％が文字のみとなっていた。また、打消し表示の実態調査では消費者庁が用意した動画の広告表示例の中に複数の打消し表示があるものを作成したが、その中にあった全ての打消し表示に気付いた回答者は僅か2.4％であった。アンケート回答者に動画広告で打消し表示に気付かなかった理由をあげてもらったところ、文字が小さい、表示時間が短い、配置が悪い、などといった理由が多くの回答者に選択されていたが、そのほか、音声や画面の動きなどにも視聴者の意識が向けられる点も打消し表示に気付かない理由として考えられる。

　1年目の打消し表示の実態調査報告書のまとめにおいては、各媒体に共通する留意点に加え、以下のとおり動画広告の要素別に留意点をまとめている。

(ｱ)　打消し表示の表示される時間

　動画の場合、打消し表示が仮に消費者が気付くほどの文字の大きさであったとしても、その表示時間が短くて消費者が読みきれないときには問題となる。

　留意すべきは、例えば、打消し表示を含む画面の表示時間が短く、打消し表示を読んでいる途中で画面が切り替わるような場合は景品表示法上問題となるおそれがあるが、視線調査の結果、人は音声や強調された文字による強調表示に注意が向けられることからすれば、打消し表示が表示される時間は画面が切り替わった直後から読めば読みきれるからといって時間が十分であるとは言えないことにも注意する必要がある。

(ｲ)　強調表示と打消し表示が別画面に表示されるか

　打消し表示が強調表示とは別の画面で表示されると、たとえ、打消し表示自体には気付いたとしても、当該打消し表示が別の画面で表示された強調表示に対するものと認識できない場合は、その打消し表示を正しく認識できず、誤認が生じる可能性がある。強調表示と打消し表示は同一画面で表示することが必要であり、別画面に表示させることはかなりリスクのある行為といえよう。

3 打消し表示の表示方法の問題

【図表14】 打消し表示の実態調査の表示例②

【左】動画開始後31秒～51秒に表示される画面の「PC特別セット5,480円」との強調表示（点線枠囲み）、【右】動画開始後56秒～61秒に表示される画面の「※別途、端末代金が必要となります」、「※契約事務手数料は初回請求時にかかります」との打消し表示（点線枠囲み）

(ｳ) **音声等による方法**

音声は動画広告における情報伝達手段の中でも特に重要な役割を果たしており、強調表示が音声で表示される一方、打消し表示は文字のみで表示される場合、打消し表示には注意が向かず、誤認を生じさせるおそれがある。この点は2年目に行った視線調査の分析によって、より明確に確認された（下記**イ**参照）。

(ｴ) **複数の場面で内容の異なる複数の強調表示及び打消し表示が提示されるか**

上記(ｲ)において、強調表示と打消し表示は同一画面にあることが消費者に適切に強調表示の内容を理解させるために重要であると書いたが、1つの動画広告の中の複数の場面において複数の強調表示と打消し表示が登場するなど消費者に向けた情報量が多い場合には、消費者は1回見ただけでは全ての強調表示と打消し表示を正しく認識することは困難であると考えられる。

イ 視線調査の結果

動画広告は通常、数十秒という短時間で消費者に情報提供が行われる。その全ての情報が消費者に十分に認識されるものではないことはもとより自明であるが、文字、音声、人物、画像、画面の要素の何が最も消費者の注意を引き付けるのかについては、我々が把握している限り、これまで行政の報告書では扱ったことがなかった。そこで、2年目の視線調査では、この点を明らかにすることが、消費者に打消し表示を適切に認識させることに寄与することができるのではないかと考えた。つまり、打消し表示が認識されない場合、文字が小さいなどといった打消し表示の表示方法の問題の分析に加えて、強調表示を含め、打消し表示以外の画面の構成要素の何が消費者の注意を引き付けるのかを検証することが、打消し表示が認識されない要因の把握につながる。そして、この検証を通じて明らかになった阻害要因を排除すると同時に、消費者の注意を引き付ける表示方法を打消し表示に活用することで、強調表示と打消し表示が一体として適切に認識できるものとすることができると考えたものである。

以下、視線調査で得られたデータをパターンごとに分析の上整理し、消費者に適切に打

第1章 打消し表示に関する3報告書の整理・概説

消し表示を認識させるための考え方を紹介する。

(ア) パターン①：同一画面に複数の文字情報があり、一部の内容が音声で流れる場合

複数の文字情報がある画面において一部の文字の内容が音声で流れたり、大きな目立つ文字で強調されている場合に、他の文字の内容に商品、サービスの選択に重要な内容が含まれているときには、当該内容を音声で表示することや強調表示に隣接した箇所に強調表示と同程度の文字で記載することを検討すべきである。

【図表15】 パターン①の調査結果（打消し表示の実態調査の表示例④より）

表示方法	表示	表示内容の認識に関するインタビュー調査結果	表示の視線停留時間（AOIごとに算出）
文字と音声	・（文字）「ABC MOBiLEポイント5万円分プレゼント」 ・（音声）「5万円プレゼント」	被験者17人のうち16人が、表示の内容を認識していた。	1.0秒間
文字のみ	・「※スマホ超割に加入する必要があります。」	被験者17人のうち、表示の内容を認識していた者は1人もいなかった。	0.0秒間

- 【上表】被験者17人のうち16人が、「文字と音声の表示」の内容を認識していたのに対し、「文字のみの表示」の内容を認識していた者は1人もいなかった。
- 【下図（被験者1人のゲイズプロット）】音声で流れる文字には視線が停留しているが、「文字のみの表示」には視線が停留していない。

（注1）視線調査の報告書では「対象者」と記載されているが、本書では「被験者」という。

（注2）ゲイズプロットは、視線停留の順序と位置を示すものである。

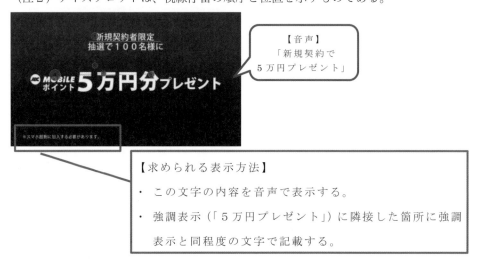

(イ) パターン②：同一画面に画像が表示される場合であって、文字の内容を音声でも流すとき

文字の内容が音声でも流れる場合には音声によって文字にも注意が引き付けられるが、その際に画像があると画像にも注意が向けられ、文字と音声の内容が認識されないことが

ある。このため、商品、サービスの選択にとって重要な文字の内容を音声で流す場合であっても、視聴者の注意を引き付けるような画像を同一画面に表示する場合には、文字の内容が適切に認識されるよう、その大きさ、色などに配慮する必要がある。

【図表16】 パターン②の調査結果（打消し表示の実態調査の表示例⑤より）

表示方法	表示	表示内容の認識に関するインタビュー調査結果	表示の視線停留時間（AOIごとに算出）	
			文字と音声の表示を認識していた者（11人）	文字と音声の表示を認識していなかった者（4人）
画像	スーツ（商品画像）		0.4秒間	1.2秒間
文字と音声	・（文字）「3月31日まで4割引きセール!!」 ・（音声）「今なら4割引」	被験者15人のうち11人が、表示の内容を認識していた。	1.6秒間	0.5秒間

- **【上表】**被験者15人のうち、11人が「文字と音声の表示」の内容を認識していたが、残りの4人は画像の方に長く視線が停留していた。
- **【下図】**文字と音声の表示の内容を認識していた者（左【例1】）は、音声が流れ出してから、すぐに画面右にある文字の領域に視線が移動する傾向がみられた。一方、文字と音声の表示の内容を認識していなかった者（右【例2】）は、文字の領域に視線が停留した際も短い時間で商品画像の方に視線が移動していた。
- 表示の内容を認識できなかった要因として、商品画像に注意が引き付けられた可能性があることが考えられる。

【例1】　　　　　　　　　　　【例2】

【音声】「就活スーツ今なら4割引」

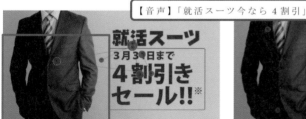

　この画面では打消し表示は表示されていないが、強調表示の他に、文字のみで打消し表示が表示される場合、商品画像が打消し表示の内容の認識を妨げる可能性がある。

　この場合、文字の方にも注意が向くように、目立つ文字の大きさや色で表示するとともに、表示画面全体に占める文字の表示面積を、画像に注意が向けられないくらい大きくすべきである。

第1章　打消し表示に関する3報告書の整理・概説

(ウ)　パターン③：同一画面に画像が表示される場合であって、文字の内容と異なる内容を音声で流すとき

　画像と文字が含まれた画面において、当該文字の内容とは異なる内容が音声で流れる場合、当該文字の内容には注意が向けられないおそれがある。このため、当該文字の内容に商品・サービスの選択にとって重要な内容が含まれるときは、一般消費者が文字に気付くことができるように表示するだけでなく、他の音声や画像に注意が引き付けられることによって、当該文字に注意が向かないことがないように、重要な文字の内容は音声も用いて表示すべきである。

【図表17】　パターン③の調査結果（打消し表示の実態調査の表示例④より）

表示方法	表示	表示内容の認識に関するインタビュー調査結果	表示の視線停留時間（AOIごとに算出）	
			文字のみの表示を認識していた者（5人）	文字のみの表示を認識していなかった者（12人）
画像	スマートフォン端末（商品画像）		1.0秒間	1.2秒間
文字のみ	「5.7インチ有機EL」	被験者17人のうち5人が、表示の内容を認識していた。	0.5秒間	0.4秒間
音声のみ	「大型ディスプレイを搭載」	聴取なし		

- 【上表】被験者17人のうち、5人が「文字のみの表示」の内容を認識していたが、12人は当該表示の内容を認識していなかった。
　前記(イ)の「文字と音声の表示」と比較すると、この「文字のみの表示」の方が認識していた者が少なかった。
- 【次頁図】文字のみの表示の内容を認識していなかった者は、画像に注意が引き付けられ、文字に視線が停留しなかったり（左【例1】）、文字に一定時間視線が停留したにもかかわらず、表示の内容を認識できなかった者がいた（右【例2】）。

3 打消し表示の表示方法の問題

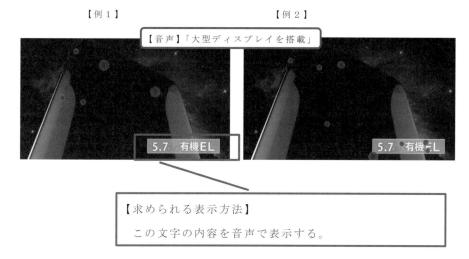

(エ) パターン④同一画面に画像を流す場合であって複数の文字情報のうち一部の内容を音声で流すとき

　複数の文字情報がある画面において、一部の文字の内容だけが音声で流れて、さらに注意を引き付ける画像が表示されている場合は、文字のみの表示の内容には注意が向けられないおそれがある。こうした場合に、文字のみの内容に商品・サービスの選択にとって重要な内容が含まれるときは、その内容を音声も用いて表示することを検討すべきである。

【図表18】　パターン④の調査結果（打消し表示の実態調査の表示例⑤より）

表示方法	表示	表示内容の認識に関するインタビュー調査結果	表示の視線停留時間（AOIごとに算出）
画像	女性（人物）		0.9秒間
文字と音声	・（文字）「ABC SUIT」 ・（音声）「ABC SUIT」	少なくとも2人が表示の内容を認識していた（被験者全員からは聴取できず。）。	0.4秒間
文字のみ	・「※20,000円以上の商品に限ります。詳しくは店頭で。」	被験者15人のうち1人が、表示の内容を認識していた。	0.1秒間

- 【上表】「文字のみの表示」（「※20,000円以上の商品に限ります。詳しくは店頭で。」）の平均視線停留時間が短く、被験者15人のうち14人が当該表示の内容を認識していなかった。
- 【次頁図】ヒートマップ及びゲイズプロットによると、人物の動作によって、手を出した先の部分や音声を発している顔の部分に注意が引き付けられたことが考えられる。

　「文字と音声の表示」（「ABC SUIT」との表示）と比べると、「文字のみの表示」（「※20,000円以上の商品に限ります。詳しくは店頭で。」との表示）には注意が向かない傾向（被験者10人は全く視線が停留しなかった。）。

第1章 打消し表示に関する3報告書の整理・概説

【ヒートマップ】　　　　　　　　　　【ゲイズプロット】

【音声】「ABC SUIT」

　本表示例では、打消し表示の文字の大きさ、配置箇所も当該表示が認識されなかった要因であるが、仮に、「ABC SUIT」と同じ文字の大きさであっても、人物と音声によって「ABC SUIT」との文字に注意が引き付けられ、文字のみの表示である打消し表示は認識されない。
⇒打消し表示の内容を、音声で表示することが求められる。

ウ　まとめ

以上の調査の結果を最後に改めて整理すると次のとおり要約できる。

① 打消し表示のみならず、強調表示でも、文字だけでは認識されにくい。小さい文字はそもそも論外であり、認識されないものであることが被験者の視線の動きではっきりした。文字の大小にかかわらず打消し表示を文字だけで表示することによるリスクは極めて高い。

② 打消し表示を表示する際は干渉のない画面構成にすること。複数の情報を入れるとそれだけ認識されないリスクが高まる。「音声＋文字」と「大きな画像」ではどちらが優位かは断言できないが、短い表示時間の中で同一画面に打消し表示を含む2以上の要素がある場合であって、打消し表示以外に大きな画像、人物などがあれば、これらに注意が引き付けられている間に画面が切り替わるものと考えられ、打消し表示が認識される可能性は相当低い。

③ したがって、注意を引き付ける必要がある情報については、できるだけ「音声を活用すること」、なるべく「他に注意を引き付ける情報を盛り込まないこと」に留意する必要がある。

　動画広告は受動的に見られる場合が多いものと考えられるが、視聴者がその中の表示一つ一つをつぶさに見たり、聞いたりするといった状況はあまり想定されないことからすれば、動画での打消し表示の示し方は他の媒体に比べて一層消費者に認識されるような工夫が求められる。

【補足解説：1年目の打消し表示の実態調査報告書で示した考え方と2年目の視線調査の報告書で示した考え方の関係】

○ 打消し表示の実態調査報告書で示した考え方

　動画広告における打消し表示について、1年目の打消し表示の実態調査報告書では、【表示時間】、【音声】、【画像（人物等）】の要素ごとに、打消し表示の内容を一般消費者が認識できない場合を示している。

　打消し表示の内容を一般消費者が認識できるか否かは、これらの要素や打消し表示の文字の大きさ等の要素から「総合的に判断される」としており、複数の要素に基づき、具体的にどのような場合に一般消費者が打消し表示の内容を認識できないかまでは調査結果からは分析できなかった。

・【表示時間】打消し表示が含まれる画面の表示されている時間が短く、強調表示を読んでいるだけで画面が切り替わってしまうような場合や、強調表示と打消し表示の文字量が多く、打消し表示を読んでいる途中で画面が切り替わってしまうような場合。
・【音声】文字と音声の両方で表示された強調表示に一般消費者の注意が引き付けられ、文字のみで表示された打消し表示に一般消費者の注意が向かないような場合。
・【画像】打消し表示と同一画面内に表示された人物等の部分に一般消費者の注意が引き付けられ、打消し表示に一般消費者の注意が向かないような場合。

○ 2年目の視線調査の報告書で示した考え方

　視線調査では、画面に含まれる構成要素（文字、音声、画像）を基にパターン分類し、パターンごとに視聴している間の視線の動きを分析することで、以下のとおり、具体的に、どのような画面構成になっていれば、表示の内容を一般消費者が認識できないおそれがあるかを示している。

① 複数の文字情報がある画面において、一部の文字の内容が音声で流れたり、大きな目立つ文字で強調されていたりして、注意が向きにくい文字の表示に視線が停留するまでに時間がかかる場合、画面に表示されている残りの時間で、一般消費者が当該表示の内容を認識できないおそれがある。
② 複数の文字情報がある画面において、一部の文字の内容だけが音声で流れて、さらに注意を引き付ける画像が表示されている場合、一般消費者が「文字のみの表示」の内容を認識できないおそれがある。

第 1 章　打消し表示に関する 3 報告書の整理・概説

　　上記の考え方は、打消し表示の実態調査報告書で示した【表示時間】、【音声】、【画像】、文字の大きさといった個々の要素ごとの考え方を踏まえ、それらの複数の要素に基づき、表示の内容を認識できない場合を具体的に示しているといえる。
　　例えば、【表示時間】について、打消し表示の実態調査報告書では、画面の表示されている時間内に打消し表示の内容を一般消費者が認識できるか否かを判断する際には、画面の表示時間と表示された文字数が勘案されるとの考え方を示している。視線調査の報告書では、これらの点に加えて、打消し表示と他の文字の大きさとのバランス、音声による表示の方法といった点も勘案した上で、上記①のとおり、注意が向きにくい打消し表示に視線が停留するまでに時間がかかる場合、打消し表示の内容を一般消費者が認識できないおそれがあることを新たに示している。
　　また、【音声】、【画像】について、打消し表示の実態調査報告書では、文字と音声の表示又は画像に注意が引き付けられ、打消し表示に一般消費者の注意が向かないような場合、打消し表示の内容を一般消費者が認識できないとの考え方を示している（どのような場合に打消し表示に一般消費者の注意が向かないかについては明らかにしていない。）。この考え方を踏まえ、視線調査の報告書では、上記②のとおり、「文字と音声の表示」である強調表示と注意を引き付ける画像が表示されている場合、一般消費者が「文字のみの表示」である打消し表示の内容を認識できないおそれがあることを新たに示している。

(3)　スマートフォンの Web ページにおける打消し表示

☆ポイント
○　スマートフォンの Web ページの特徴として、①アコーディオンパネルやコンバージョンボタンによって打消し表示を見落としやすい。
　　また、②その時点で見ている画面と別の画面との表示の内容の関連性を把握することが難しい。
○　強調表示と打消し表示が離れている場合、強調表示の近くに「※」が表示されていたとしても、スクロールしている間にその表示に関する作業記憶が失われてしまい、打消し表示を見ても、それが強調表示に対する打消し表示であると気付かないおそれがある。
○　さらに、表示に接する際、「拾い読み」をしやすいことからも、強調表示の直下にある打消し表示であっても、文字が小さかったり、背景に溶け込んでいたりすると、打消し表示に気付かないおそれがある。

3 打消し表示の表示方法の問題

ア 総 論
(ア) スマートフォンの特徴と表示

　スマートフォンは縦に長い表示形式という大きな特徴があることから、そこで広告表示を見る場合、様々に盛り込まれた情報の整理が容易ではなく、画面をすばやく動かしながら必要な情報を掴み取ろうとしている実態が被験者の視線の動きからも判明した。じっくり読まないという傾向は、表示の方法においてより一層注意を払う必要があるということであり、他の媒体などと同じような感覚で広告表示を作成することは法的リスクを招きやすいといえる。実際、視線調査を行った表示例の一つでは、強調表示の直下にある打消し表示も、文字が小さく、背景に溶け込んで見えにくいため、視線が留まることさえなかったことが確認された。これは視線調査によって初めて判明した事実であり、この点は今後の実務にも大きく影響するものと考える。

【図表 19】　視線調査結果の一例（スマートフォンの調査の表示例②（矢印で示しているのが打消し表示））

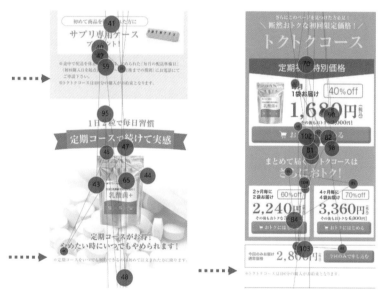

（注）上図で視線が打消し表示に留まっていないことが分かる。

　また、強調表示の近傍に「※」を付して誘導された打消し表示も、縦に長く、同一画面で表示されない場合には、当該情報を探し出し、強調表示と関連して理解することが困難であって、調査の結果では、これができた者がわずか1人（視線調査の被験者16人中）であり、ほとんどの被験者が途中にある同じような※印と混同したり、他の情報に注意が引き付けられたりして、末尾の打消し表示に気付くことがなかったことが確認された（当該表示例を用いた「スマートフォンの調査」の結果について後記イ(ウ)を参照。）。スマートフォンにおいては特に、打消し表示を強調表示と同一箇所に分かりやすく記載することを第一とし、それ以外の表示方法を考えることは大きなリスクを抱えることになると心得るべきで

あろう。

　また、打消し表示が強調表示の直下など非常に近接した箇所にある場合であっても、消費者の視線が留まらないことがあるほか、留まっていた被験者であっても、表示の内容が認識されていないことが判明した。この事実は重要で、「視線を向ける」という動作があっても、表示の内容が認識されないのは「書いてない」のと同じことである。特に、スマートフォンの場合、その特異な表示形態から、他の媒体とは次元の異なる配慮が必要であり、強調表示と打消し表示が一体として認識できるよう、一連の流れで読み込めるような表示内容とすることが求められる。

　(イ)　「求められる」表示方法の意味
　表示方法の問題について、スマートフォンの調査報告書では景品表示法上の考え方を示すだけではなく、「求められる表示方法」も報告書に盛り込んだ。これはスマートフォンの場合、「拾い読み」などといったその特有の消費者行動から、他の媒体の場合と異なり、「※」などの記号で打消し表示を意識させることを企図した形式で表示している場合や打消し表示の文字を背景とは反対色で表示している場合であったとしても、一般消費者が認識しないことがあることが調査結果から判明しており、原則として景品表示法違反にならない場合を示さなければ、事業者が改善に向けた取組みに速やかに着手できず、法的に不安定な状況が蔓延する事態を招きかねないと考えられたこと等による。特にスマートフォンの表示主体（事業者）は個人事業者などの場合も多いことから、改善に向けた表示方法を「求められる」という強く推奨される言葉を用いて示すことで違反行為の未然防止と消費者にとって分かりやすい表示環境の整備が進展することが期待されている。もちろん、事業者には様々な工夫が期待されるところであり、報告書で示された求められる表示方法のみしか景品表示法上容認されないものではないことは言うまでもない。

イ　各　論

　スマートフォンの特徴的な表示方法としては、縦に長いページのものが多いことから、アコーディオンパネルやコンバージョンボタンがよく活用されている。また、強調表示と打消し表示に距離があり、その間に両者とは関係のない情報が記載されている。スマートフォンの調査では、これらスマートフォン特有の表示方法を踏まえ表示例を作成し、消費者が打消し表示を認識できるか確認した。

　以下では、スマートフォンの調査結果（回答者1,000人を母集団とするWebアンケート調査結果）を基に、スマートフォン特有の表示方法の問題を解説する。

　(ア)　アコーディオンパネルの問題
　アコーディオンパネルとは、初期状態では詳細な内容が表示されずに「ラベル」といわれる項目の見出しのみが表示されており、ラベルをタップした際にその時点で見ている画面から移動することなく、そのタップしたラベルに関する詳細な内容の表示（「パネル」）が画面に表示されるものである。アコーディオンパネルは、表示画面の制約があるスマートフォンにおいてよく用いられる表示方法である。

　調査の結果、消費者庁が作成したスマートフォンの調査の表示例①の強調表示に気付い

た者のうちアコーディオンパネルに表示された複数の打消し表示に気付かなかった者の割合は83.6％～91.6％と高い比率となった。

【図表20】　スマートフォンの調査の表示例①の打消し表示（実線矢印で示した表示）。Webページ全体は巻末資料参照

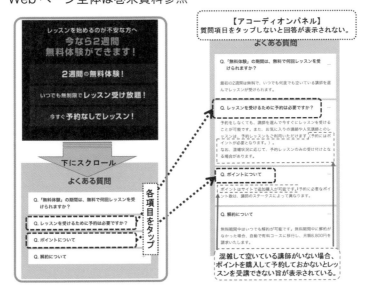

　アコーディオンパネルについての「読みにくさ」について尋ねたところ、「最初の画面に詳細な内容が隠れているのでページを閲覧する際に見落としてしまう」が、強調表示に気付いて一部の項目をタップした者で51.7％、強調表示に気付いていずれの項目もタップしなかった者で35.8％（注：以下、比率はこの順序で示す）と最も高く、続いて「自分で見出しの文言をタップしないと、詳細な内容が表示されない仕組みになっていることがわかりづらい」（51.0％と43.2％）となっていた。また、このような表示方法があることを知らなかった（4.8％と16.0％）などという回答もあった。アコーディオンパネルを用いること自体が否定されるものではなく、スマートフォンの調査報告書では、強調表示の近接箇所にラベルを配置し、重要な打消し表示がアコーディオンパネルに表示されていることが分かるようにすることなどを求めているが、アコーディオンパネル形式の読みにくさ等に鑑みれば、その活用そのものの是非についてもよく検討する必要があろう。

　(イ)　コンバージョンボタンの問題

　コンバージョンボタンとはWebページ上で商品・サービスの購入・申込みを行う際にタップするハイパーリンクの文字列であり、このボタンを押すと直ちに購入・申込画面に移動することから、縦に長い表示形式のスマートフォンでは多用されている。

　スマートフォンの調査では、コンバージョンボタンに係る表示例はスマートフォンの調査の表示例②及び表示例③という2パターン用意した。スマートフォンの調査の表示例②においては3つの打消し表示を用意し、打消し表示の認識状況を確認したところ、各強調表示に気付いた者で打消し表示に気付かなかった者の割合は68.2％～81.3％となっ

ていた。

【図表21】 スマートフォンの調査の表示例②の打消し表示（枠で囲んだ表示）。Webページ全体は巻末資料参照

　次に、コンバージョンボタンが打消し表示の見落としの要因となっているかについて検証するため、強調表示に気付いた者のうち、打消し表示を見落としていた割合を、コンバージョンボタンをタップしたかどうかでその違いがあるかみたところ、コンバージョンボタンをタップした者の方が見落としていた割合が高いものがみられた。その要因として、打消し表示が強調表示とは別画面に離れて表示されており、コンバージョンボタンにより強調表示から離れた画面で表示されていた打消し表示が読み飛ばされてしまったことが考えられる。このように、スマートフォンの調査結果から、コンバージョンボタンが見落としを助長する機能を果たしている可能性が考えられることから、報告書ではコンバージョンボタンによって打消し表示に気付かないような表示方法は問題であるとし、コンバージョンボタンを用いる際には、強調表示の文脈の前後で打消し表示の存在を認識できるようにしておく必要があるとしている。

【図表22】　コンバージョンボタン及び強調表示と別の画面に表示された打消し表示
（「※トクトクコースは4回分の購入がお約束となります。」）

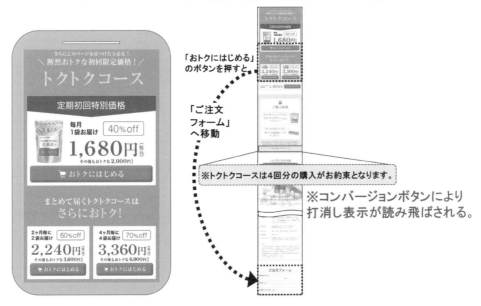

　なお、スマートフォンの調査の表示例②及び表示例③はいずれもコンバージョンボタンに関する表示例である（表示例②はコンバージョンボタンがページ内の各所に配置されているのに対し、表示例③は常に画面の下部にコンバージョンボタンが表示される。）。コンバージョンボタンについては、2つの表示例いずれにおいても、打消し表示を読みにくかった理由としてコンバージョンボタンの存在をその理由にあげている割合が2割前後となっていたことからすれば、やはりその取扱いに注意を要することは間違いない。

　(ウ)　強調表示と打消し表示の距離の問題
　スマートフォンの表示では画面の大きさが他の媒体に比べて小さく、縦に長く情報が表示されることが大きな特徴である。そのため、強調表示と打消し表示の「距離」は打消し表示を見落とすか否かに大きく影響するものと想定された。
　このため、スマートフォンの調査では強調表示と打消し表示の距離によって打消し表示をどの程度見落とすかをスマートフォンの調査の表示例④で確認した。ここでは強調表示を表示画面の冒頭に、打消し表示をスクロールした最下部に、それぞれ配置し、かつ、強調表示の近傍に※印を表示し、打消し表示においても※印を説明文の冒頭に記載した上で複数の打消し内容を記載したところ、打消し表示に気付かなかった割合は87.1%～94.3%と非常に高い比率となった。

【図表23】 スマートフォンの調査の表示例④の打消し表示（点線矢印で示した表示）。Webページ全体は巻末資料参照

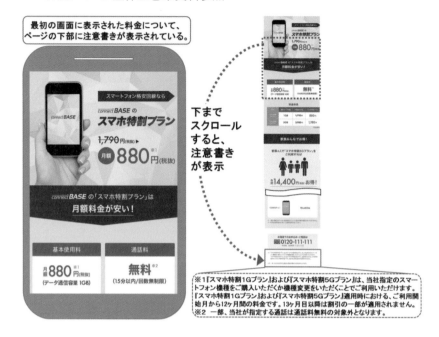

　本表示例での「読みにくさ」の要因として、注意書きや注釈の文字が小さいというのが最も多い回答数となっていたが、注目すべきは打消し表示を見落とした者の30％前後の者（29.7％～31.3％）が「特に、読みにくさを感じた点はない」と2番目に高い回答比率となっている点にある。グループインタビューでは、打消し表示に気付かなかった理由について、「一番下までスクロールしなかった（注：注意書きは一番下に記載されている）ため、気付かなかった」、「「※」が2つあり、それぞれがどの強調表示に対する注意書きなのかがわかりにくい」と言った意見が聞かれたが、本表示例は、アコーディオンボタンやコンバージョンボタンといった特別の仕組みが用いられていないシンプルな表示形式であり、スマートフォンでの表示の特徴である縦に非常に長い表示形式と、拾い読みという消費者の習慣が打消し表示の認識可能性に大きく影響していることがよく結果に表れているものと考えられる。

　スマートフォンの調査報告書では、認知心理学の観点からの考察も加えられているが、スマートフォンの表示画面を見る際、最初の画面を記憶しても、下にスクロールするにつれて次々と表示される異なる内容の情報を読んでこれを解釈することにより最初の画面の記憶が干渉を受けて失われたり、読み進めるに従って作業記憶の容量を使い切ってしまい、新たな情報を統合して解釈しにくくなると考えられる。また、作業記憶の内容は維持するための活動をしなければ20～30秒程度で失われることから、最初の画面から距離が離れるほど関連性をもって認識することが困難になってくると考えられる。加えて、スマートフォンの表示を見る際に、一度リンク先に移動すると元に戻って表示内容を確認することはないという意見が聞かれたことにも留意する必要がある。

他の媒体ではそれなりに有効と考えられてきた「※」での誘導も、上記のことを踏まえれば、スマートフォンではその効果が十分に期待できないおそれがあり、実際にスマートフォンの調査で「※」などを記載していたとしても強調表示と打消し表示が離れて表示されると認識できない割合が高かったことからすれば、強調表示と打消し表示は近くに配置することは必須と考えて対応すべきであろう。

(エ) 打消し表示の文字の大きさ等その他注意すべきこと

　スマートフォンの調査の表示例②ではコンバージョンボタンの問題のほかに、文字の大きさ、背景色等との関係でも問題があるとの分析が得られている。本表示例では同一画面に強調表示と打消し表示があっても消費者は打消し表示の方を見落としている。これは打消し表示の文字が小さいことのほか、背景に溶け込んでいることも見落とす要因となっており、表示方法の問題点として同一画面でも見落としが容易に発生している点は注目に値する。これはスマートフォンの調査の表示例③でも確認された。

【図表24】　スマートフォンの調査の表示例②において、文字の大きさ、背景色等に問題のあった打消し表示

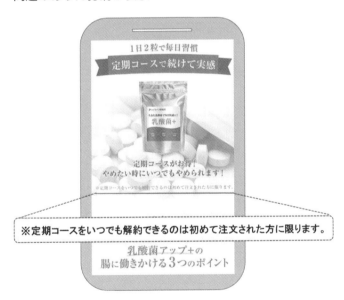

　打消し表示を見落とす要因として、他の画像に注意が向けられてしまうこと、文字の色が強調表示と違う目立たない色であることなどにより全体として強調表示に注意が向けられるような表示になっていると打消し表示は見落とされがちになる。本表示例は強調表示の直下に打消し表示があるにもかかわらず前記のような表示方法により見落としが発生していたことから、文字や背景といった表示方法の問題点をより顕在化させている事例といえる。

　また、スマートフォンの調査の表示例④では打消し表示の文字が背景と反対色であっても十分に認識できないとの結果も得られている。

上記の結果から、スマートフォンの表示においては、従来では、打消し表示を認識させるために有効と考えられていた表示方法が通用しないおそれがあり、強調表示と打消し表示は単に近くに配置されればよいというわけではなく、文字の色、大きさ、背景などにも配意し、両者が一体となって認識できるように表示することが求められる。

【補足解説：1年目の打消し表示の実態調査報告書で示した考え方とスマートフォンの調査報告書で示した考え方の対応関係】

打消し表示の実態調査報告書では、打消し表示が、強調表示が表示されている位置からスクロールが必要な場所に表示されている場合、打消し表示を一般消費者が認識できるか否かを判断する際は、(ⅰ)強調表示の前後の文脈や強調表示の近くにある記号等から一般消費者が打消し表示の存在を連想するか否かという点に加えて、(ⅱ)どの程度スクロールする必要があるのかという点等も勘案されるとしている。

このうち、(ⅰ)の点について、スマートフォンの調査報告書では、強調表示の近くに打消し表示の存在を連想させる「※」等の記号が表示されていたとしても、強調表示から離れた別の画面に打消し表示が表示されている場合であって、強調表示からスクロールしている間に他の表示に注意が引き付けられるときは、一般消費者は打消し表示に気付かなかったり、打消し表示に気付いたとしても、当該打消し表示が、離れたところに表示された強調表示に対する打消し表示であると認識できなかったりすることがあると考えられるとしている。

スマートフォンの調査報告書では、その特有の表示方法と消費者の表示への接し方から、打消し表示の実態調査報告書に記載した(ⅰ)の「※」等による誘導が必ずしも有効ではない場合があることを示すとともに、打消し表示を一般消費者が認識できるか否かを判断する際に、(ⅲ)「強調表示からスクロールしている間に他の表示に注意が引き付けられる」か否かという点が勘案されることを新たに示している。

(ⅲ)の点については、上記(ｳ)の表示例❹の調査結果で明らかになったとおり、下にスクロールしながら画面に次々と表示される異なる内容の情報を読んで解釈することによって、作業記憶が失われるときがあることに基づいており、これはPCの場合でも、同様の考え方が当てはまるものと考えられる。なお、この他にも、スマートフォンの調査報告書で示したアコーディオンパネルやコンバージョンボタン等に関する考え方は、PCの場合でも同様に当てはまるものと考えられる。

(4) 紙面広告における打消し表示

> ☆ポイント
> ○ 紙面広告では、閲覧する際の時間的制約がなく、自身の関心のある表示を中心に何度も見ることができるが、紙面の隅に小さな文字で書かれた注意事項の一括表示には注意が向きにくい。
> ○ また、強調表示に隣接した箇所に打消し表示があっても、打消し表示の文字が小さかったり、背景に溶け込んでいたりすると、強調表示と打消し表示が一体として認識されない場合がある。
> ○ 一方、強調表示と打消し表示が一体として認識されるための方法として、例えば、強調表示に隣接した箇所に、同程度の文字の大きさで打消し表示を表示した上で、一連の文脈として強調表示及び打消し表示を読めるように表示することが考えられる。

　新聞、雑誌、チラシのような紙媒体の場合については2年目に行った視線調査において、消費者庁として初めてその特有の問題の有無を確認した。

　調査の結果、新聞などの紙面広告を見る際の特徴としては、いずれの被験者でも、まず、広告全体を見た上で、自身の関心のある表示を中心に何度も見ること、隅にある小さな文字で書かれた注意事項の一括表示には視線がそもそも向かない者がいることが分かった。

【図表25】　紙面広告（視線調査の表示例①）を閲覧した被験者のゲイズプロットの例

　また、紙面広告は動画などと違って能動的に見るものであり、また時間的制約がないにもかかわらず、価格など自分の関心事項については注視するが、その制約条件が書いてある打消し表示については、離れている場合はそもそも視線が行くことなく関連付けて見る行動が取られていないこと、強調表示の直下にある打消し表示でも、背景が異なるなどして一体として認識されないように表示されている場合はやはり認識されないこと、そして小さな文字には注意は向きにくいことが判明した。

　認知心理学の先行研究では、紙面広告の見方として、まず人の顔や商品の画像、さらに目立つ大きな文字に視線が停留しやすい傾向があることが指摘されており、動画などの媒

体と同様に、これらの目立つ表示には注意が引き付けられる一方、小さな文字など目立たない表示には注意が向きにくいと考えられる。

　前頁のゲイズプロットをみると、紙面右下隅の小さな文字だけで構成された注意書きの一括表示の箇所に視線が停留していないことが確認できる。視線調査では、このように当該箇所に視線が停留しなかった複数の者から、小さい文字は読み飛ばしてしまったという趣旨の意見が聞かれた。この結果と関連し、1年目の打消し表示の実態調査においても、Webアンケート回答者1,000人のうち、58.9％が新聞広告の打消し表示を読まないと回答しており、さらに、そのうち30.1％が読まない理由として「文字が小さくて読みにくいから」と回答していた。これらの結果を踏まえると、小さな文字で書かれた注意事項の一括表示は、表示の内容が消費者に認識されない可能性が高いといえる。なお、当該箇所は文字が小さいことに加えて、文字情報が多いために記憶負荷が高いことも、消費者に認識されない要因となる可能性がある。

　また、視線調査の結果では、例えば、強調表示の直下に打消し表示を記載した場合であっても、強調表示を見た者が目立たない打消し表示には気付かないおそれがある。「時間的な制約がないにもかかわらず」、「強調表示に隣接した箇所にある打消し表示」が認識されなかったというのは非常に重要なポイントであり、これまでの報告書では示されていなかった結果である。この結果を裏付けるものとして、認知心理学の基礎研究では、注意が向いた箇所の近傍は注意が抑制されるという知見があり、このことからすると、目立つ強調表示に注意が引き付けられた場合、それと近くにある目立たない打消し表示には注意が向きにくい可能性がある。制約条件など打消し表示は隣接した箇所に配置しておけば大丈夫との安易な考えは危険であり、これを隣接した箇所に配置することは当然の前提として、文字の大きさ、色、背景との関係などから、強調表示と打消し表示が一体として認識できるようになっていない限り、景品表示法上問題となるおそれがある。このことを十分に理解した上で、紙面広告の作成に当たる必要がある。

　以下では具体的な表示例をもとに2つのポイントを説明する。

　なお、この表示例では、「万が一、お口に合わない場合全額を返金します!!」との強調表示に対し、紙面の右下隅の箇所（注意事項の一括表示の箇所）に「本商品を未開封に限り全額返金いたします」との打消し表示も表示されていた。調査の結果、当該打消し表示の内容を認識した者は1人もいなかった。この要因については、当該打消し表示の文字が小さいことや配置箇所が強調表示から離れているといった表示方法の問題だけでなく、打消し表示の表示内容を理解するために他の情報と関連付けて読む必要があり、その内容が分かりにくかったことも要因として考えられるため、その問題について後記5で解説している。

3 打消し表示の表示方法の問題

【図表26】 紙面広告の表示例（視線調査の表示例①）より
強調表示と打消し表示の箇所を抜粋

ア 強調表示に隣接した箇所に表示されているが、認識されない打消し表示

　上述のとおり、強調表示の直下に打消し表示が記載されていても、打消し表示が認識されないことが明らかになった。

　本表示例では、「今ならお試し約7日分が無料」との強調表示に隣接した箇所に「※本商品を初めて購入の方に限ります。」との打消し表示が表示されている。インタビュー調査では、被験者6人がこの強調表示の内容が「印象に残った」と回答していた。これらの者（6人）は強調表示に注意を向けていた可能性が高いが、そのうち打消し表示に気付いた者は1人もいなかった。気付かなかった要因としては、強調表示が大きな文字や目立つ色で注意を引き付けるように表示されているのに対し、打消し表示がそれと比べて著しく小さな文字で目立たないように表示されていたことが考えられる。実際の視線を確認すると、被験者の視線が打消し表示にそもそも向いていないということが判明した。隣接した箇所に記載されていても、文字の大きさ、さらに文字の色との関係性で認識できない場合があるということは極めて大きなポイントである。

イ 認識される打消し表示

　視線調査では、一連の文脈、流れの中で強調表示と打消し表示が表示されている場合、両者を一体として認識させる上で有効であることが確認された。上記の表示例において、「30包通常価格　1箱9,000円→4,800円」との強調表示に隣接した箇所に表示された「初めてご購入の方に限り1箱で」との打消し表示を見ていただきたい。

　調査の結果、この強調表示の内容が「印象に残った」と回答した者（3人）は、全員が打消し表示の内容を正しく認識していた。前述の「※本商品を初めて購入の方に限ります。」との打消し表示と比べて、「初めてご購入の方に限り1箱で」との打消し表示の方がより認識されていた結果は、文字の大きさもさることながら、一連の文脈として（「初めてご購入の方に限り1箱で」⇒「4,800円」というように）消費者が強調表示及び打消し表示を認識できたことが大きな要因と考えられる。実際に、被験者の視線も文脈に沿って動いていることが確認できた。認知心理学の観点からは、先に条件が提示されることによって、重要な部分が含んだ1つの情報の塊となって作業記憶に入る（チャンク化）ことで、記憶されやすい可能性もあると考えられる。打消し表示を適切に認識させるという点では、隣接箇所に記載するなどという表記方法のみに頼るのではなく、こういう工夫が有効であることは広告表示の作成において大きな参考となろう。

第1章 打消し表示に関する3報告書の整理・概説

4 打消し表示の表示内容の問題

> ☆ポイント
> ○ 打消し表示の実態調査及びスマートフォンの調査では、回答者が各表示例の打消し表示を見た上でも、打消し表示の内容を正しく理解できずに誤認した。
>
> 【「例外型」の打消し表示】
> ・「いつでもどこでもインターネットができる」との強調表示に対して、エリアによって利用に制限がある旨が打消し表示に記載。
> ⇒23.6%の回答者はどこでもインターネットが利用できると誤認
>
> 【「試験条件型」の打消し表示】
> ①（試験結果等の表示についての認識）回答者1,000人中326人が、試験結果などの表示があると「商品に効果がありそうだと感じる」。
> ②（表示例の打消し表示に対する認識）上記①の326人のうち、63.5%が専門技術的な用語が記載された打消し表示の内容を正しく理解できずに誤認。
>
> 【「別条件型」の打消し表示】
> ・定期購入契約のコース（「トクトクコース」）の価格の安さを強調する表示に対して、「※トクトクコースは4回分の購入がお約束となります。」との打消し表示が表示。
> ⇒打消し表示の内容を正しく理解できた者は17.1%しかいなかった。

　打消し表示の問題は、消費者が誤認するおそれがあるかどうかであり、それが主として小さい文字で表記するなど表示方法に起因することは間違いないが、消費者の誤認は記載内容によっても生じるものであり、仮に打消し表示が消費者に認識されるように明瞭に表示されていたとしても、その内容が適切に理解されるものでなければ、やはり景品表示法に違反するおそれがある。そこで、消費者庁として初めて行う打消し表示の実態調査に当たっては、表示方法のみならず、表示内容の問題についても、実態把握を行うこととした。調査は表示方法の場合と同様に消費者庁が作成した広告表示例を用いて、打消し表示を回答者に見せた上で内容を理解できるかを調べたが、表示方法と同様に打消し表示の内容が正しく理解されていない、すなわち誤認が生じている割合が一定数あることが判明した。表示内容の問題については、2年目の調査においても行っている。以下では、打消し表示の類型別に、どのような誤認が生じたかを説明する。

(1) 例外型（例外がある旨の注意書き）

　打消し表示で最も多い類型は「例外型」である。消費者庁の調査においても、この例外

型の打消し表示が含まれる表示例を作成し、その内容が理解されるかどうか消費者の理解度を調査した。

　PCとプリンターとWi-Fiルーターをセット販売する動画広告例において、音声で「いつでもどこでも」ご利用いただけますと強調して表示する一方、「※エリアによってはご利用頂けない場合や速度が遅くなる場合があります」との打消し表示が文字により表示されている表示例においては、打消し表示の内容を理解できなかった者と整理される回答が合計で23.6％あった。「エリアによっては」との表示だけでは、恒常的に利用できない場合があるとまでの認識ができず、何らかの事情等によって一時的に利用ができない場合があると誤認されたことが考えられる。本表示例では、一部地域がサービス供給区域外であるため、サービスを利用できない場合があるものであった。したがって、本件において、一般消費者に打消し表示の内容を正しく認識できるようにするためには、「エリアによっては」というあいまいな表現ではなく、そもそもサービスが供給されない区域があり、当該区域ではサービスの提供を受けることができない旨を明瞭に記載すべき事例であった。

【図表27】　「例外型」の打消し表示が含まれる表示例
（打消し表示の実態調査の表示例②）

(2)　試験条件型（一定の条件下での試験結果、理論上の数値等である旨を述べる注意書き）

　最近の広告では、当該商品の効果、性能等が客観的に実証された根拠あるものであることの説明の一つとして、専門的な用語や試験方法など表示しているものが散見される（打消し表示の調査ではこうした内容の表示を「試験条件型」と呼ぶ）。

　試験条件型に関する表示内容の調査は1年目の調査でも行ったが、本稿では2年目のスマートフォンの調査を紹介したい。2年目の調査では表示例に基づく誤認の状況のみならず、試験等の結果に係る一般的な認識についても併せて調査しており、誤認しやすい背景を踏まえ問題点を分析した。

【図表28】 「試験条件型」の打消し表示が含まれる表示例
（スマートフォンの調査の表示例⑤）

　まず、試験結果等の表示についての一般的な消費者の認識を把握するため、回答者に任意の商品の購入を検討している状況で広告を見ていることを想定してもらった上で、商品に含まれている成分の働きについて試験結果のデータ等を掲載するとともに「○○試験を行った結果」等と記載している表示がある場合、当該表示について回答者がどのように感じるかについて質問した。

　その結果、回答者1,000人のうち、試験結果などがあると「商品に効果がありそうだと感じる」と回答した割合は32.6％（326人）、「商品に効果があるとは必ずしも言えない」と回答した割合が30.7％（307人）であった。

　これを踏まえ、表示例の誤認の状況を分析すると、商品に効果がありそうだと回答した32.6％（326人）のうち、具体的な表示例（健康飲料）の「※1 in vitro 試験にて"マルトデキストリン"と"ラクトース"の化学反応を調べた結果。」との打消し表示を見て、「商品を摂取すると、体内で糖類が分解されることが実験で確認されている」と誤認した回答者がその63.5％を占めていた。

【図表29】 表示例（健康飲料）の「※１ in vitro 試験にて"マルトデキストリン"と"ラクトース"の化学反応を調べた結果。」との打消し表示についての認識

　これらの結果からすると、普段から試験結果が表示されていると商品にも効果がありそうと思っている人、つまり、専門用語や試験というものに漠然とした信頼を寄せる傾向がある人は、個別の表示に接したときに、打消し表示の内容を正しく理解することなく効果があると誤認する素地があるものと推測される。

　また、グループインタビューでは、表示例（健康飲料）に関して「何を書かれているか分からなかったため、打消し表示について意味のない情報だと思った」といった意見が聞かれ、分からないことは勝手に不要な情報として処理してしまうという消費者自身の情報処理が普段から行われているものと想定される実態が判明した。

　さらには、打消し表示を正しく理解した者も39.7％～50.7％が表示例の専門用語などが分かりにくいという回答をしている。

　以上のような結果を踏まえると、事業者は消費者の専門用語や試験内容の扱いは特に慎重に対応すべきであり、商品自体での効果が確認されていないにもかかわらず、成分のみの結果を強調することは消費者の誤認を招くおそれがある。事業者はこの事をよく理解した上で適切な表示を行う必要がある。

(3) 別条件型（何らかの別の条件が必要である旨を述べる注意書き）

　別条件型の打消し表示の内容に係る調査では、近時問題を指摘されている定期購入に係る広告表示を作成した。ここでは、価格や解約条件の異なる複数の購入コースを広告中に盛り込み、消費者が複数の購入コースとそれぞれの取引条件を正しく理解できたかを調査したところ、初回購入価格が安いコースに関する取引条件の表示（「※トクトクコースは４回分の購入がお約束となります。」との打消し表示）について正しく理解できていた者は17.1％しかいなかった。打消し表示を見た上で取引条件を正しく理解できなかった者に分かりにくさを感じた点を尋ねたところ、他のコースの取引条件と混同したり、購入単位（「袋」）と解約する場合の単位（「回」）を混同していたことが分かった。

第1章 打消し表示に関する3報告書の整理・概説

【図表30】「別条件型」の打消し表示が含まれる表示例（スマートフォンの調査の表示例②）及びその実際の取引条件

定期購入では初回のみが非常に安い価格で設定される一方で、2回目以降は購入金額が初回に比べて高くなり、解約する場合にも初回分のみでは解約できない場合も多いとみられる。そして、調査で作成した表示例のように、購入単価の安い初回の価格が強調される一方で解約するためには何回分の購入が必要ということが小さく表示され、かつ、最低いくらの支払いが必要かが記載されていない場合、消費者が想定以上に多額の出費を強いられる可能性がある。このため、消費者に適切に情報提供するためには、①購入コースが複数ある場合にはそれぞれのコースごとの取引条件が分かるようにすること、そして各コースの取引条件の表示に際しては②各回がそれぞれいくらで、③最低いくら支払わなければならないのか、最低限、以上の点を明瞭に記載することが事業者には求められる。

また、定期購入についてはそもそも取引条件が分かりにくく、数量や金額に関する条件を文字だけで表示することは調査結果で示されたように消費者が誤認するおそれが高く、十分に取引条件を理解できないまま申込みを行うおそれがある。このため、報告書（スマートフォンの調査報告書）では具体的な「改善の方法」を示すこととした。例えば、以下のように表示することを推奨している。

> 改善例：「トクトクコースのうち、4か月ごとに4袋届くコースを解約するためには、4回分の購入で合計16袋購入する必要があり、最低21,360円（税込）の支払いが必要です（内訳：初回3,360円＋2回目以降6,000円×3回。）」

なお、通信販売を行う場合の義務的記載事項については、特定商取引に関する法律第

11条及び同法施行規則第8条に規定されており、同規則第8条第7号において「商品の売買契約を2回以上継続して締結する必要があるときは、その旨及び金額、契約期間その他の販売条件」を表示することと定めている。また、その運用に当たっては平成29年11月1日付け消費者庁次長及び経済産業省大臣官房商務・サービス審議官通達「特定商取引に関する法律等の施行について」が発せられていることから、これらも参照の上、表示を作成する必要がある。

5　表示方法と表示内容の両方が要因となって打消し表示の内容を認識できない場合

1年目の打消し表示の実態調査報告書では、打消し表示の問題を大きく表示方法と表示内容の2つに分類し、それぞれに分けて考え方を整理している。表示方法の問題は、例えば、打消し表示の文字が小さく、打消し表示を見落としてしまう場合である。他方で、表示内容の問題は、例えば、打消し表示の内容に専門用語が用いられていたり、表現が分かりにくかったりして、打消し表示を見た上でもその内容を理解できない場合である。

2年目の視線調査報告書では、紙面広告及びスマートフォンのWebページの調査結果に基づき、上記の表示方法又は表示内容のいずれか一方に分類できない問題を新たに指摘している。すなわち、打消し表示の内容を理解するために、様々な情報を関連付けて理解する必要がある場合に、関連する情報が一体として認識できるように表示されていないときは、打消し表示の内容を一般消費者が認識できないおそれがあるという点である。

以下では、この点について、紙面広告の表示例（視線調査の表示例①）を用いて解説する。

【図表31】　紙面広告の表示例における「万が一、お口に合わない場合全額を返金します!!」との強調表示、「本商品を未開封に限り全額返金いたします」との打消し表示及び「今ならお試し約7日分が無料」との表示

第1章　打消し表示に関する3報告書の整理・概説

○　表示から認識される内容
　「万が一、お口に合わない場合全額を返金します!!」との強調表示に対する「本商品を未開封に限り全額返金いたします」との打消し表示の趣旨としては、1箱4,800円で購入した商品（本商品）を開封する前の時点で、購入特典である無料の「お試し約7日分」の方を食べて満足できない場合に限り、未開封の本商品を返品できるというものである。
　当該打消し表示の内容を理解するためには、前提として、「今ならお試し約7日分が無料」との表示の内容を理解した上で、「万が一、お口に合わない場合全額を返金します!!」との強調表示が「お試し約7日分」の方を食べて満足できない場合を意味していることを理解する必要がある。
　このように、本表示例では、打消し表示の内容を理解するために、他の情報を関連付けて理解する必要があるが、それらの対応関係が明瞭に表示されておらず、一体として認識できるように表示されていない。

○　調査結果
　視線調査では、強調表示に注意を向けた可能性の高い者（10人）のうち、打消し表示の内容を認識した者は1人もいなかった。このうち、相当数の者は、紙面の右下隅の箇所（注意事項の一括表示の箇所）に視線が停留することなく、また、他の者も当該箇所の視線停留時間が短かった。
　視線調査の報告書では、(ⅰ)打消し表示が小さな文字だけで構成された箇所に表示されており、かつ、(ⅱ)強調表示と打消し表示の配置箇所が離れているため、打消し表示に注意が向きにくかったものと評価している。上記の「表示から認識される内容」を踏まえると、仮に、打消し表示に一定の注意が向いたとしても、関連する情報を一体として認識できないおそれがある点に注意をする必要がある。

○　改善の方向
　打消し表示の内容を認識できるように表示するためには、まずは、視線調査の結果が示しているとおり、打消し表示の表示方法として、打消し表示の文字を大きくした上で強調表示に隣接した箇所に表示すること等により、強調表示と打消し表示が外形として一体として認識できるように表示することが考えられる。
　これに加えて、「本商品を未開封に限り全額返金いたします」との打消し表示の内容についても、購入特典である無料の「お試し約7日分」の方を食べて満足できない場合に限り、未開封の本商品を返品できる旨を明瞭に表示する必要があると考えられる。
　これらの改善を行った上で、さらに、対応関係を明瞭に表示するように事業者で工夫し、例えば、文脈や記号等から関連する表示が一体として認識できるように表示することが求められる。
　なお、これまで述べたことから明らかなように、視線調査の報告書における打消し表示と強調表示とが一体として認識できるように表示することとは、表示方法の観点から、例えば、隣接箇所に表示することだけでなく、表示の内容の観点から、関連する情報を分か

りやすく表示することという意味も含んでいる。

6 体験談の問題

> ☆ポイント
> ○ 調査結果のポイント
> ・体験談を見て42.2%の者が「大体の人に効果がある」と認識した。
> ・打消し表示を見なかった回答者に対し、打消し表示を見せても、「大体の人に効果がある」と認識した割合は大きく変化しなかった。
> （打消し表示を見なかった時）42.8%⇒（打消し表示を見た時）36.6%
>
> ○ 体験談に関する景品表示法上の考え方
> 　実際には、商品を使用しても効果、性能等を全く得られない者が相当数存在するにもかかわらず、商品の効果、性能等があったという体験談を表示した場合、打消し表示が明瞭に記載されていたとしても、一般消費者は大体の人が何らかの効果、性能等を得られるという認識を抱くと考えられるので、景品表示法上問題となるおそれがある。

　打消し表示でよく見られるものの1つに、「個人の感想です」などと体験談に併せて記載されている表示がある。打消し表示の調査を行うに当たり、この体験談に係る打消し表示の実態把握は不可欠と考えたが、体験談にまつわる打消し表示を評価するには、そもそも体験談自体を消費者がどのように捉えているのかによっても評価が違ってくることが考えられた。そこで、1年目の打消し表示の実態調査では、体験談をどのようなものとして捉えているのか、体験談そのものに係る消費者の認識を把握することとした。

(1) 体験談に関する認識

ア　体験談そのものについての消費者の認識

調査の結果、次のようなことが判明した。
① 体験談については大体の人が効果を得られることを表していると認識している。
　消費者庁が作成した表示例の体験談に気付いた者の42.2%が表示例の体験談で語られているダイエット効果は大体の人に効果がありそうだと思うと回答している。
② 体験談から受ける効果に関する認識は、当該体験談に係る打消し表示を認識した後でも大きく変わらない。
　最初に打消し表示に気付かなかった回答者の中では、打消し表示を認識させる前の時点では42.8%の者が体験談のような効果が大体の人に効果がありそうだと思うと回答し、これらの回答者全員に打消し表示を認識させた後の時点でも、36.6%の者が依然として体験談の効果は大体の人に効果がありそうだと思うと回答した。

③ 体験談が商品選択に影響を与えているものと考えられる。

表示例の体験談に気付いた者の18.3％が商品の購入を検討してもよいと回答した（体験談に気付いて大体の人に効果がありそうだと思うと回答した者の中では、33.7％が商品の購入を検討してもよいと回答した。）。対照的に体験談に気付かなかった者では商品の購入を検討してもよいと回答したのは4.3％であった。

【図表32】 最初に打消し表示に気付かなかった回答者（369人）についての打消し表示を認識させる前の時点と打消し表示を認識させた後の時点の認識

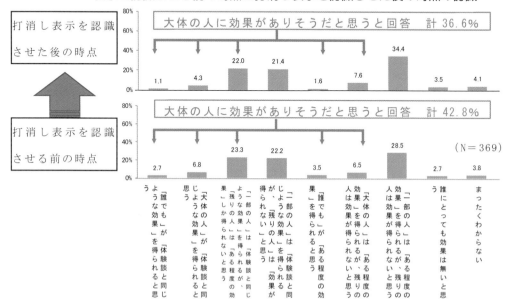

以上のような結果を踏まえると、体験談自体が効果を表しているものと認識するというのはある程度想定されたが、打消し表示を認識させた後でも体験談は効果を表すものとの認識が大きく変わることがないという体験談の広告上の誘引効果の高さは特筆される。体験談を広告表示に用いる場合には、その打消し表示の方法や内容だけが問題になるのではなく、そもそも強調表示としての体験談の扱い方自体に十分留意する必要がある。つまり、体験談については、それ自体は虚偽ではないとしても、それが商品の効果と合致していない場合には問題となることを十分に理解して活用する必要があるということである。

イ　表示例における誤認の状況

【図表33】　「体験談型」の打消し表示が含まれる表示例
（打消し表示の実態調査の表示例⑥より）

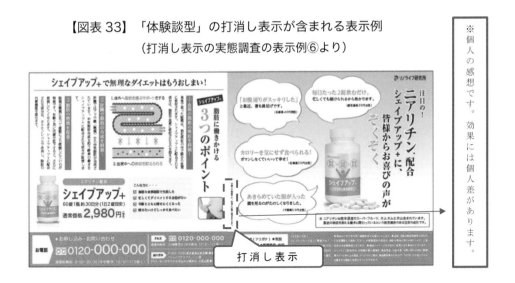

　調査に用いた表示例では4つの体験談と広告の中央部に小さな文字で「個人の感想です。効果には個人差があります」との打消し表示を掲載したが、回答者の44.3％がいずれかの体験談に気付いたが、打消し表示に気付いたのは9.7％であり、本表示例においても小さな文字による表示方法自体の問題が確認された。ただし、上述のとおり、体験談の場合は打消し表示が仮に認識されたとしても体験談で語られている効果を打消すものとはならないこと、すなわち、体験談そのものの扱いが適切などうかが問われることに事業者は留意する必要がある。

(2)　体験談に係る打消し表示の考え方

　上記の調査結果を踏まえ、体験談について、実際には、商品を使用しても効果、性能等を全く得られない者が相当数存在するにもかかわらず、商品の効果、性能等があったという体験談を表示した場合は景品表示法上問題となるおそれがあるとの考え方が報告書で示されており、体験談自体は事実であったとしても、景品表示法上問題となる場合がある点が重要である。

　身体に影響を与える商品やサービスの効果には個人差があること自体否定するものではないが、そもそも一部にしか効果がないにもかかわらず、そのことは明示せず個人差があるとの打消し表示を行うことは、体験談という効果の表示と一部しか効果がないという実際との間にかい離が生じるため景品表示法上問題となるおそれがある。一般に、広告物は商品の効果、性能等を訴求することを目的に作られており、広告物で商品の効果、性能等を標ぼうしているにもかかわらず、体験談に併せて「効果を表すものではない」旨を記載することはそのこと自体体験談が効果を表すことと矛盾する。

　打消し表示の実態調査報告書が公表された後、「個人の感想です」は禁止されたのではないかとの意見がみられたが、禁止されたわけではないので、そうした表示をすること自

体は事業者の自由である。ただし、景品表示法の観点からは、大体の人に効果がある商品にはそもそも打消し表示など必要ないわけであり、書いてもそれは景品表示法の観点からは特段の意味を持たないものである。

(3) 体験談と商品の効果、性能に関する合理的根拠

調査報告書では、「体験談により一般消費者の誤認を招かないようにするためには、当該商品・サービスの効果、性能等に適切に対応したものを用いることが必要であり、商品の効果、性能等に関して事業者が行った調査における(i)被験者の数及びその属性、(ii)そのうち体験談と同じような効果、性能等が得られた者が占める割合、(iii)体験談と同じような効果、性能等が得られなかった者が占める割合等を明瞭に表示すべきである」との考え方が示されている。データの併記は義務ではないが（併記しなくても直ちに違法となるわけではない）、「すべき」という強い推奨である。

そして、体験談はその商品、サービスの効果、性能を表しているものと消費者は認識することからすると、体験談に書かれている効果、性能は合理的な根拠に基づく必要があり、合理的な根拠がなく体験談を通じて効果、性能を表示する場合、景品表示法に違反するおそれがある。

「合理的な根拠」についての考え方は、「不当景品類及び不当表示防止法第7条第2項の運用指針」というガイドラインが示されている。これによれば、合理的な根拠とは、①客観的に実証された内容のものであること、すなわち、(a)試験・調査によって得られた結果、又は(b)専門家、専門家団体若しくは専門機関の見解又は学術文献であること、②表示された効果、性能と提出資料によって実証された内容が適切に対応していること、以上の2点を満たさなければならないとされている。体験談を表示する場合にも前記2点を満たして初めて表示することができるのである。

7 おわりに

打消し表示は、広告中にこれを表示している時点で事業者はそれが消費者に提供すべき情報であることは理解しているはずである。しかし、消費者にきちんと認識させるという観点が十全ではないことは、現状において「強調表示と比べてバランスが悪く」「小さい文字」で「短時間」表示されている実態があることからも明らかである。消費者庁による一連の打消し表示の実態把握からすれば、現状の多くの打消し表示が認識されない可能性があることが想像される。しかし、一連の調査により、今後、消費者に認識されないような表示方法で広告内に打消し表示を記載していたとしても、ちゃんと制約条件を書いてあるという抗弁は容認されるものではないことが改めて明らかとなった。

景品表示法では、事業者が適切な表示管理体制を構築することを求めている（同法第26条）が、商品、サービスを企画した部署と広告部署の密接な連携なくして適切な表示態勢の構築はありえない。加えて、表示管理体制への監査も重要となろう。企画、広告部門もそれをチェックする法務等の部門も当事者である。当事者間の相互チェックが実効性ある

ものかを第三者である監査部門によるチェックが行われることにより真に有効な表示管理体制の運用が可能となる。

第三者という点では、消費者視点の利用や認知心理学の活用が有効である。一連の報告書では打消し表示が適切に行われるための要素、観点を明らかにしているが、それら要素、観点を踏まえて作成された広告表示に打消し表示が含まれる場合には、実際に広く消費者に提示される前に、その打消し表示が適切に認識されるかどうかを確認することが求められる。また、広告やパッケージングデザインでは、呈示時間や表示面積に制約がある中で、適切な情報を消費者に示す必要がある。そのような制約下で人間がどこまで表示を読み、理解し、記憶できるかという点については、認知心理学では測定法・評価法が数多く開発され、知見が蓄積されている。適切に情報を消費者に伝えるための工夫をするために、認知心理学の知見を活用することを勧めたい。

景品表示法に違反した表示を行った場合に相当の注意を怠ったときは、売上高の3％が課徴金として課されることとなる。報告書で示された景品表示法上問題となるおそれがある打消し表示を行うことのないよう、事業者には、相当の注意を怠ることなく表示を管理することが求められる。

本書末尾に一連の調査で用いた表示例ごとに具体的な改善の例を示した。何を改善したのか、改善のポイントも改善例に記載してあるので、参考にしていただきたい。

【コラム】時間貸し駐車場の料金表示における打消し表示の問題

時間貸し駐車場では、「1時間」等時間当たりの単価料金が設定されているほか、「24時間」の最大料金や「夜間」の最大料金などを設定している場合がある。

この「最大料金」とは、「24時間」「夜間」などの、事業者が設定する時間帯等における最高額（支払上限額であり、最高額に達した以降は料金が加算されない）を指すものである。最大料金の適用が繰り返し適用されない料金体系となっている駐車場では、当該最大料金の適用時間を超えた場合（例えば、「24時間」の最大料金を設定している場合で、入庫後24時間を経過したとき）は、料金は通常の単価料金が加算されることとなる。

このため、例えば、次頁例1のように、実際には最大料金が繰り返し適用されないにもかかわらず、最大料金の適用範囲の記載がなく、「24時間最大〇〇〇円」などとのみ記載されている場合、入庫後24時間経過後にも最大料金が繰り返し適用されると誤認され、景品表示法上問題となるおそれがある。

また、例えば、次頁例2のように、最大料金を大きく強調して表示する一方で、最大料金が適用されるための条件の表示（例えば、特定の時間帯に入庫した場合のみ最大料金が適用される旨や最大料金が一定の期間のみ適用される旨等の打消し表示）が、小さい文字で記載されていたり、最大料金の強調表示よりも離れた箇所に記載されていたりして、一般消費者が当該適用条件の表示を認識できない場合も、景品表示法上問題となるおそれがある。

最大料金とその適用条件は両方が正しく認識される必要がある。これは強調表示と打消し表示が一体として認識できるように表示する必要があることと同様であり、最大料金の適用

第1章　打消し表示に関する3報告書の整理・概説

に制約条件がある場合には、当該適用条件は最大料金の直下などに明瞭に記載される必要がある。この場合、文字の配色や最大料金の記載と比べて十分に視認できるだけの文字の大きさ及び適切な方法で表示されることが求められる。

【例1（最大料金の適用範囲の記載がない例）】

「24時間最大○○円」などと表示していながら、実際には、繰り返し適用条件が適用されないときは、以下の例のように、「24時間経過後、通常の時間当たりの単価料金が加算されることとなる。

（例）月曜8時に入庫し、水曜8時に出庫した場合の料金	
月曜8時～火曜8時（24時間）	最大料金 3,500円
火曜8時～水曜8時（24時間）	通常料金 16,000円※
計	19,500円

※24時間（火曜8時～水曜8時）通常料金
：30分／500円×14時間 ＋ 60分／200円×10時間 ＝ 16,000円

【例2（最大料金の適用が1回限りなど制約があるもので、適用条件の表示が明瞭でない例）】

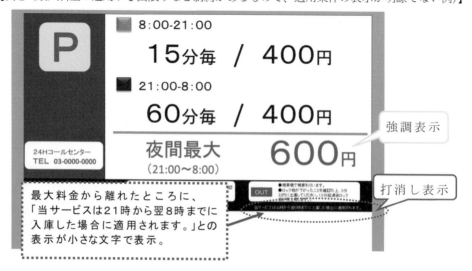

最大料金から離れたところに、「当サービスは21時から翌8時までに入庫した場合に適用されます。」との表示が小さな文字で表示。

強調表示

打消し表示

7 おわりに

　例2の場合、最大料金は21時から翌8時までに入庫した場合に適用されることから、例えば、18時に入庫し翌8時に出庫した場合、21時から翌8時までとの適用条件を満たさないため、夜間最大料金が適用される時間帯も通常の時間当たりの単価料金が加算されることとなる。

（例）18時に入庫し、翌8時に出庫した場合の料金	
18時〜21時（3時間）	通常料金 4,800円
21時〜翌8時（11時間）	通常料金 4,400円※
計	9,200円

※21時〜翌8時の時間帯の料金：60分／400円×11時間=4,400円
（夜間最大料金600円は適用されない）

参考：「時間貸し駐車場の料金表示について」（消費者庁平成29年12月25日公表）

第1章　打消し表示に関する3報告書の整理・概説

打消し表示に関するQ&A

【調査に用いた表示例について】

> Q1　調査で制作した各表示例は違反となる事例として捉えて良いか。つまり、表示例と同じ方法（内容）で表示をすると、景品表示法上問題となるのか。

　各表示例は本件調査において収集した広告表示の実態に即して制作したものであり、違反となる事例として制作したものではない。しかし、調査の結果、各表示例の打消し表示の内容を一般消費者が正しく認識できないと考えられることが明らかになっており、このことからすると、実際の広告において各表示例と同様の打消し表示を行っている場合は景品表示法上の問題となるおそれがあるものと評価される。

【表示方法】

> Q2　打消し表示の文字の大きさや、動画広告における表示時間について社内自主基準を設けることを考えている。具体的にどの程度の文字の大きさや表示時間であれば打消し表示の内容を一般消費者が認識できるのか。

　打消し表示に関する3つの実態調査報告書で明らかにしているように、打消し表示の内容を一般消費者が認識できるか否かを判断する上では、例えば、打消し表示の文字の大きさや動画広告における表示時間といった個別の要素だけでなく、複数の要素から総合的に判断されることとなるものであることから、個別の要素について具体的かつ一律の数値基準は示されていない。
　このことを踏まえ、事業者が打消し表示を行う際には、個別の広告ごとに、打消し表示の内容を一般消費者が認識できるかどうかを確認し、強調表示と打消し表示を一体として認識できるような表示を行う必要があり、社内で一律の基準を設ける場合にも最終的に消費者が認識できるかを確認することが求められよう。

> Q3　報告書では、打消し表示が適切な表示方法で表示されているか否かを判断する際の要素が複数挙げられているが、これらの要素のうち1つだけでも問題があると、一般消費者が打消し表示の内容を認識できないおそれがあるのか。

　打消し表示に関する3つの実態調査報告書で明らかにしているように、打消し表示の内容を一般消費者が認識できるか否かを判断する上では、複数の要素から総合的に判断されることとなるため、仮に1つの要素について実態調査で示された考え方では問題となり得たとしても、同一の広告表示において、他の手段により、確実に一般消費者に打消し表示が認識される場合には景品表示法上問題とならない。
　他方、各要素の態様によっては、例えば、一般消費者が打消し表示を見落としてしまう

ほど文字が小さい場合や、動画広告において一般消費者が打消し表示を読み終えることができないほど表示時間が短い場合など、1つの要素に問題があることにより一般消費者が打消し表示を見落とすことに繋がり易いと考えられることから、各判断要素が十分にクリアされるよう、広告表示の作成に当たることが求められる。

> Q4　公正取引委員会が平成20年に公表した「見にくい表示に関する実態調査報告書―打消し表示の在り方を中心に―」では、打消し表示の文字の大きさについて、「最低でも8ポイント以上の大きさで表示することが必要である。」としている。
> 　打消し表示の文字の大きさが8ポイント以上で表示されていれば、景品表示法上問題とならないのか。

　そもそも、「見にくい表示に関する実態調査報告書―打消し表示の在り方を中心に―」では、たとえ打消し表示が8ポイント以上の大きさで表示していたとしても、打消し表示の配置箇所や強調表示の文字と打消し表示の文字の大きさのバランスなどが適切でない場合は、景品表示法上問題となることがある点に留意する必要があるとしており、8ポイント以上で表示されれば全く問題とはならないとしているものではない。

　また、打消し表示に関する3つの実態調査報告書でも明らかにしているように、打消し表示の内容を一般消費者が認識できるか否かを判断する上では、例えば、打消し表示の文字だけでなく、複数の要素から総合的に判断されることとなる。

> Q5　強調表示の直下など隣接した箇所に打消し表示が表示されている場合でも、景品表示法上問題となるのか。

　たとえ、打消し表示が強調表示に隣接した箇所に表示されている場合であっても、強調表示と文字のバランスが著しく悪いような小さな文字で表示されていたり、強調表示と違う字体や色で表示されていたり、打消し表示の背景が強調表示の背景と異なっていたりするときは、一般消費者が強調表示と打消し表示を一体として認識できず、打消し表示の内容を正しく認識できないと考えられる。こうした表示方法により、商品・サービスの内容や取引条件について実際のもの等よりも著しく優良又は有利であると一般消費者に誤認されるときは、景品表示法上問題となるおそれがある。

> Q6　Webページで「強調表示と打消し表示が1スクロール以上離れている」場合とは、具体的に両者がどの程度の距離が離れている場合か。

　打消し表示の実態調査報告書において、「強調表示と打消し表示が1スクロール以上離れている」場合とは、強調表示が表示されている範囲内でスクロールした際に、強調表示が表示される画面に打消し表示が表示されないこと、すなわち、強調表示と打消し表示が別の画面に表示されることを指す。

> Q7 Webページで「強調表示と打消し表示が1スクロール以上離れている」場合、例えば、強調表示の近くに「※」等の記号を設ける等して、離れたところにある打消し表示に誘導するようにしていても、景品表示法上問題となるのか。

　たとえ、強調表示の近くに打消し表示の存在を連想させる「※」等の記号が表示されていたとしても、強調表示から離れた別の画面に打消し表示が表示されている場合であって、強調表示からスクロールしている間に他の表示に注意が引き付けられるときは、一般消費者は打消し表示に気付かなかったり、打消し表示に気付いたとしても、当該打消し表示が、離れたところに表示された強調表示に対する打消し表示であると認識できなかったりすると考えられる。こうした表示方法により、商品・サービスの内容や取引条件について実際のもの等よりも著しく優良又は有利であると一般消費者に誤認されるときは、景品表示法上問題となるおそれがある。

　強調表示から1スクロール以上離れた場所に表示された打消し表示を一般消費者が認識できるか否かを判断する際は、強調表示の前後の文脈や強調表示の近くにある記号等から一般消費者が打消し表示の存在を連想するか否かという点に加えて、どの程度スクロールする必要があるのか、スクロールしている間に強調表示と打消し表示以外の表示に注意が引き付けられるかどうかといった点も勘案される。

　打消し表示が強調表示と離れた箇所に記載される場合には、それだけ一般消費者が認識できない可能性が高くなることから、そのような広告表示を行う場合には、当該広告が適切に消費者に認識されることを事前によく確認する必要があろう。

> Q8 バナー広告に強調表示のみを記載し、それをクリックしたリンク先のページに、当該強調表示に対する打消し表示を記載することは景品表示法上問題となるのか。

　バナー広告に強調表示のみを記載し、それをクリックしたリンク先のページに、当該強調表示に対する打消し表示を記載する場合、一般消費者がリンク先のページに移動したとしても打消し表示に気付かないときは、打消し表示の内容を一般消費者は正しく認識できないと考えられる。また、同様の場合であって、一般消費者が打消し表示に気付いたとしても、当該打消し表示がリンク元に記載された強調表示に対する打消し表示であることを認識できないときは、一般消費者は打消し表示の内容を正しく認識できないと考えられる。こうした表示方法により、商品・サービスの内容や取引条件について実際のもの等よりも著しく優良又は有利であると一般消費者に誤認されるときは、景品表示法上問題となるおそれがあるので、こうした表示方法においても適切に打消し表示が認識できるか、事前の確認が必要であろう。

打消し表示に関するQ&A

> Q9　商品カタログのデータを自社Webサイトにアップロードしており、スマートフォンでも当該カタログを閲覧できるようになっている。この場合、当該カタログに表示された打消し表示についても、「スマートフォンにおける打消し表示に関する実態調査報告書」で示した景品表示法上の考え方が当てはまるのか。

　スマートフォンはPC等と比べて画面が小さいといった特徴があるため、いわゆるスマートフォンのWebページ以外の表示をスマートフォンで閲覧する場合にも、「スマートフォンにおける打消し表示に関する実態調査報告書」で示した景品表示法上の考え方が当てはまる。よって、商品カタログのデータを自社Webサイトにアップロードする際には、PCやスマートフォンで一般消費者が閲覧することも想定した上で、強調表示と打消し表示を一体として認識できるようにする必要がある。

> Q10　動画広告において、例えば、画面にタレントが登場し、強調表示の内容を音声で発するような場合、どのように打消し表示を表示すれば良いか。

　タレントなど注意を引き付ける画像が表示されている場合、一般消費者が、音声で流れない文字のみの表示の内容を認識できないおそれがあることに留意する必要がある。特に、強調表示が文字と音声で表示されるのに対し、打消し表示は文字のみで表示されるときは、打消し表示は認識できない可能性が高くなる。

　画面にタレントが登場し、強調表示の内容を音声で発するような場合、文字のみの表示に商品・サービスの選択にとって重要な内容が含まれるときは、打消し表示に注意が向くように、例えば、その内容を音声も用いて表示することを検討すべきであろう。

> Q11　表示スペースが限られることから、強調表示の近くに打消し表示を表示できないときは、どのように表示すれば良いのか。

　表示スペースが限られる場合には、まずは打消し表示がなくても商品・サービスの内容や取引条件の実際を一般消費者が認識できるような強調表示の内容とすることが求められる。

　やむを得ず、事業者が限られたスペースの中で強調表示を行うとともに、打消し表示を行おうとする場合には、例えば、以下のように表示方法を工夫することにより、強調表示と打消し表示を一体として認識できるようにする必要がある。

・紙面広告の場合、強調表示の文字を小さくするなどして、強調表示の近くに打消し表示を表示するスペースを確保すること。
・動画広告の場合、打消し表示の内容を音声でも流すことなどによって、一般消費者が打消し表示にも注意が向くようにすること。
・Webページの場合、画面上に強調表示が表示された時点や、強調表示の表示された画面からスクロールした時点で、一般消費者が特に操作等を行うことなく打消し表示を認

識できるようにすること。
・最終的に完成した打消し表示を含む広告表示について、一般消費者が当該打消し表示を適切に認識できるかを確認すること。

> Q12　報告書で示している「求められる表示方法」で表示していない場合、景品表示法上問題となるのか。

　スマートフォンの調査報告書及び視線調査報告書では、それぞれの調査結果に基づき、打消し表示の内容を一般消費者が正しく認識できるように適切に表示する上で、有効と考えられる表示方法を「求められる表示方法」として示している。「求められる」としているのは、それだけ誤認のリスクが高いことを意味していることに留意する必要がある。
　報告書で示している「求められる表示方法」以外にも、事業者が個別の広告の特性を踏まえて工夫し、打消し表示の内容を一般消費者が正しく認識できるように適切な表示方法で表示していれば、その表示方法によって景品表示法上問題となることはない。

【表示内容】

> Q13　表示内容に問題のある打消し表示とは、明瞭に記載されていても、景品表示法上問題となるのか。

　表示内容に問題のある打消し表示とは、一般消費者が当該打消し表示を読んでもその内容を正しく理解できないものである。たとえ、こうした打消し表示が明瞭に記載されていたとしても、一般消費者が打消し表示の内容を理解できないことによって、商品・サービスの内容または取引条件について、実際のもの等よりも著しく優良または有利であると一般消費者に誤認されるときは、景品表示法上問題となるおそれがある。

> Q14　表示内容が理解されるか否かは消費者の持つ一般常識の程度や知識水準によると考えられるが、一般常識の程度や知識水準は事前に分からないため、どのように対応すればよいのか。

　不当表示の成立の判断においては、表示物から受ける一般消費者の認識が基準になることに鑑みれば、業者が事前に表示をチェックする際、必要に応じて、社内外に依頼したモニター等の一般消費者の視点を活用することにより、広告の内容を一般消費者が誤認する可能性があるかどうかを検証する必要があろう。

【体験談】

> Q15 「個人の感想です。」等との打消し表示を記載すると、景品表示法上問題となるのか。

　打消し表示に関する実態調査報告書によると、一般消費者は、体験談等を含めた表示全体から「大体の人に効果がある」という認識を抱き、「個人の感想です。効果には個人差があります。」といった打消し表示に気付いたとしても、「大体の人に効果がある」という認識が変容することはほとんどない。

　このため、体験談が実在のものであったとしても、例えば、実際には、商品を使用しても効果、性能等を全く得られない者が相当数存在するにもかかわらず、商品の効果、性能等があったという体験談を表示した場合、商品・サービスの内容について実際のもの等よりも著しく優良であると一般消費者に誤認されるときは、景品表示法上問題となるおそれがある。

> Q16 体験談を掲載する場合は、必ず「被験者の数・属性、体験談と同じような効果、性能等が得られた者が占める割合、体験談と同じような効果、性能等が得られなかった者が占める割合」といったものを明記しなければならないのか。

　体験談を用いる際は、体験談等を含めた表示全体から「大体の人に効果がある」と一般消費者が認識を抱くことに留意し、試験・調査等によって客観的に実証された内容が体験談等を含めた表示全体から一般消費者が抱く認識と適切に対応している必要がある。

　体験談は非常に訴求力も高いものであるから、体験談等を含めた表示全体から一般消費者が誤認することがないように、商品の効果、性能等に関して事業者が行った調査における(ⅰ)被験者の数及びその属性、(ⅱ)そのうち体験談と同じような効果、性能等が得られた者が占める割合、(ⅲ)体験談と同じような効果、性能等が得られなかったものが占める割合等を明瞭に表示すべきであるとしているもので、これらが表示していない場合に景品表示法上問題とされるものではないが、可能な限り表示することが望ましい。

> Q17 効果の合理的な根拠があれば体験談を掲載してよいのか。
> また、どの程度のモニター数の実験であれば、合理的な根拠として認められるのか。

　商品の効果、性能等に合理的な根拠があったとしても、体験談をねつ造する場合や一部の都合の良い体験談のみを引用する場合等、体験談を不適切に使用する場合は、景品表示法上問題となるおそれがある。

　また、商品の効果、性能等を訴求する際の合理的な根拠の判断基準については、「不当景品類及び不当表示防止法第7条第2項の運用指針」（以下「不実証広告ガイドライン」という。）の中で示しており、合理的な根拠と認められるためには、①提出資料が客観的に実証された内容のものであること、②表示された効果、性能等と提出資料によって実証さ

第1章　打消し表示に関する3報告書の整理・概説

れた内容が適切に対応していることの2つの要件を満たす必要があるとされている。

不実証広告ガイドラインの中では、アンケート等の「実例を収集した調査結果を表示の裏付けとなる根拠として提出する場合には、無作為抽出法で相当数のサンプルを選定し、作為が生じないように考慮して行うなど、統計的に客観性が十分に確保されている必要がある。」と記載されており、訴求する商品の効果、性能等に応じて、統計的に客観性が十分に確保される程度のモニター数を集める必要がある。

【今後の対応等】

> Q18　実態調査報告書の公表後、打消し表示の取締りが厳しくなったのか。

実態調査報告書は、消費者に認識されないような打消し表示を行っている場合には、速やかに改善されるよう、実態の把握に基づいて具体的に景品表示法上問題となり得る表示についての考え方を示しているものである。

一般消費者に認識されない打消し表示は景品表示法上問題となり得るとの考え方は従来から示されているものであり、今回の調査報告書を受けて景品表示法の評価が厳しくなったものではない。他方、従来よりも具体的な判断基準が示されたことから、景品表示法を執行するに当たり、実態調査で明らかになった不適切な表示方法が用いられていることにより景品表示法違反の疑いのある事案に接した場合には、厳正に対処することとなる。

なお、平成29年7月の「打消し表示の実態調査報告書」の公表後、消費者庁が措置命令において、打消し表示が不適切であると認定したものは25件（平成31年1月末時点）である。

> Q19　事業者の留意点として、事前に一般消費者がどのような認識を抱くのか確認する必要があるとされているが、「一般消費者の視点」とは、具体的にどのような確認（基準）が求められるのか。

打消し表示の実態調査報告書では、表示の確認において、社内外に依頼したモニター等の一般消費者の視点を活用することにより、広告の内容を一般消費者が誤認する可能性があるかどうかを検証する必要があるとしている。この際、例えば、製品に関する知識の乏しい一般消費者には正確に理解できない場合があることに留意する必要がある。

また、一般消費者の表示の見方を把握する上では、人間が情報を知覚、理解、記憶するプロセスを把握するという観点から、認知心理学の知見を活かすことも有効である。

第 2 章

調査手法の解説

第2章　調査手法の解説

本章では、消費者庁がこれまでの3つの実態調査に用いた調査手法について、それぞれの特徴を解説する。

また、打消し表示の表示方法については、アイトラッキングを用いた「視線調査」によって、消費者意識調査で把握できなかった点を、どのように明らかにしているのかを解説する。

【図表1】　消費者庁が実態調査に用いた調査手法

項　目	調査手法
「打消し表示の実態調査」	【消費者意識調査】 ・Web アンケート調査 ・グループインタビュー調査
「スマートフォンの調査」	
「視線調査」	・アイトラッキング調査 ・インタビュー調査

1　消費者意識調査の調査手法の解説

「打消し表示の実態調査」及び「スマートフォンの調査」で実施した消費者意識調査は、以下のWeb アンケート調査及びグループインタビュー調査から構成される。

(1)　Web アンケート調査の特徴

Web アンケート調査では、1,000人の回答者を対象に、事前に設計したアンケート調査票に基づいて、選択式の回答を得た。

この調査の利点は、年代などの属性に偏りのない大量のサンプルを基に、打消し表示に気付くか否かといった項目について、明確な数値データで実態を可視化できる点である。

例えば、打消し表示の表示方法に関しては、各表示例で6割～9割程度の回答者が打消し表示を見落とした結果を明らかにしている。

また、打消し表示を見落とした要因を把握する上では、一度表示例を見せた後、打消し表示を認識できるように赤枠囲みをした静止画を見せて、打消し表示について「読みにくさを感じた点」を質問した。例えば、動画広告の表示例④については、打消し表示を見落とした者から、「文字が小さい」、「表示されている時間が短い」、「表示の場所や配置が悪い」といった回答が得られた。

【図表2】 表示例④の強調表示に気付いたが、打消し表示には気付かなかった回答者（319人）が打消し表示について「読みにくさを感じた点」

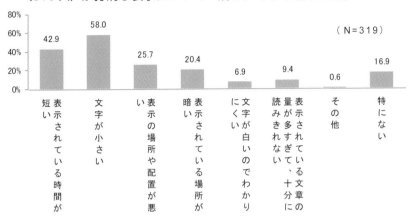

　以上のWebアンケート調査では、多数の者が打消し表示を見落とす傾向を明らかにできた。そして、より詳細に打消し表示を見落とした要因を分析するため、消費者意識調査では、これと併せて後記(2)のグループインタビュー調査も実施した。グループインタビュー調査で特に留意した点として、例えば、上記の「読みにくさを感じた点」にあるようなアンケート調査票の質問項目は、事前に調査設計者が想定した範囲のものであるため、グループインタビュー調査では想定していない要因についても把握することとした。

(2) グループインタビュー調査の特徴

　グループインタビュー調査では、専門モデレータ（司会者）の進行のもと、男女別に6人ずつの計2グループで実施した。

　Webアンケート調査と比べると、回答者の人数は少ないが、専門モデレータが会話などを通じて自然に回答者の意見や考え方を引き出し、また、座談会形式での進行により対象者間の相互作用（グループダイナミクス）が生まれることで、深層意識の把握まで期待される。

　例えば、前記(1)で例に挙げた動画広告の表示例④では、打消し表示に気付かなかった回答者から、(i)動画中でナレーションが流れた文字にしか目がいかなかった、(ii)打消し表示の文字も音声で流さないと気付かないといった意見も聞かれた。

　これらの「音声」に関する意見は、前記(1)のWebアンケート調査における「読みにくさを感じた点」の調査票の回答には含まれていなかった内容である。しかし、グループインタビュー調査では、打消し表示を見落とした複数の回答者から「音声」に関する意見が聞かれたことから、それも打消し表示を見落とした要因となった可能性があると考えられる。

2　視線調査の調査手法の解説

　本稿では、アイトラッキングを用いた「視線調査」の手法を解説し、消費者意識調査とはどのような点が異なるのかを明らかにする。
　また、視線調査では、媒体（動画広告、紙面広告及びスマートフォンのWebページ）ごとに、各媒体の特徴を踏まえた分析を行っているため、後記3～5では媒体ごとに分析の方法や調査結果を解説する。

(1)　消費者意識調査とアイトラッキングの違い

　実際に広告を閲覧するプロセスとしては、例えば、自分自身も意識することなく、目立つ表示や画像に注意が引き付けられたり、また、表示を見ている間も、興味のない情報は認識していなかったりするときもあると考えられる。視線調査では、アイトラッキング機器で被験者が表示例を閲覧している間の視線の停留状態を計測することにより、表示全体を閲覧する際の一連の作業プロセスを把握することが可能となる。特に、画像や目立つ文字に注意が引き付けられるといった無意識の行動を把握するには、アンケートやインタビューなど「言語」の回答を得る調査ではなく、視線調査のような「生体反応計測」の手法がこれに適している。
　また、アンケートに用いる調査票を使用することなく、被験者から非言語データを取得するため、調査設計者の事前の想定にも捉われることがなく、各表示の視線停留時間や停留した回数といった客観的なデータに基づき、表示に注意を向けていたか否かやその要因を評価することができる。
　さらに、前記1の消費者意識調査では、主に強調表示や打消し表示に対する認識について調査したものであったが、視線調査では、これらの表示以外の他の表示を含めた表示全体の見方について、どのような表示が一般消費者に認識され、どのような表示が認識されないのかをより詳細に分析している。
　なお、被験者に尋ねることなく非言語的なデータを取得する「生体反応計測」の手法は、視線の他に、表情、発汗、唾液、脳の活動などを計測するものがある。広告調査では、例えば、アイトラッキングに加えて、表情変化及び瞳孔径変化の計測を組み合わせて被験者の注目や感情の変化を分析したり、被験者の脳活動をfMRI（機能的磁気共鳴画像法）で計測して知覚内容を分析したりする調査手法などが実用化されている。

【図表3】 行動プロセスと調査手法の対応

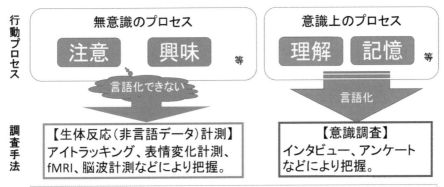

(2) 視線の停留と、注意及び認識との関係

アイトラッキングで計測する視線の停留とは、人間の眼球運動のうち、ある一定の箇所を見つめるために視線が留まっている状態を指し、この間に脳が視覚情報を処理する（なお、停留から停留までの速度の速い視線移動はサッカードと呼ばれ、この間に視覚情報は脳で処理されない。）。

認知心理学において、一般に、眼球運動と注意の移動は関係があるといわれていることに基づき、視線調査の報告書では、視線が一定時間停留した箇所を、注意が向いた可能性の高い箇所として評価している。

また、表示の内容を認識する際には、当該表示に注意を向けていることが前提となるが、視線調査の報告書では、どのような表示が注意を引き付けやすく、注意が向きにくいかを分析することで、どのような表示の内容が一般消費者に認識されやすく、認識されにくいかを明らかにしている。

ここでの「認識」について、視線調査の報告書では、表示を読んで内容を理解した上で、その内容を記憶して後から思い出せる、という意味で用いている。視線調査では、後記(3)**ウ**のとおり、被験者が表示例を閲覧した後にインタビューを実施し、ある表示について、被験者がその内容を思い出して報告できた場合には「表示の内容を認識していた」と評価しており、その内容を思い出せず、報告できなかった場合には「表示の内容を認識していなかった」と評価している。認知心理学では、記憶し、それを後で思い出すことを「再生」というが、視線調査の報告書における「認識」とは、この「再生」に相当するといえる。

(3) 視線調査で取得した情報

アイトラッキングで計測したデータは、①視線の停留した合計時間（視線停留時間）と②視線の軌跡に関するデータの2種類に大別される。

また、視線調査では、被験者が表示例を閲覧した後、インタビュー調査において表示の内容を認識していたか否かなどを聴取している。

ア 視線停留時間

被験者がどこに注意が引き付けられたかを把握するため、下記の2つの方法により視線停留時間を計測した。計測結果に基づき、視線停留時間が長い箇所は注意が引き付けられた可能性が高く、ほとんど視線が停留していない箇所は注意が向かなかった可能性が高いと考えられる。

(ア) AOI による視線停留時間の計測

視線停留時間は、全ての表示例について、分析のためにあらかじめ設定した興味領域（Area of Interest。以下「AOI」という。）ごとに視線停留時間（秒）を算出している。AOIは、広告中に含まれる文字や画像といった構成要素の外形的な特徴（文字の場合は、例えば、文字の大きさやフォント等のデザイン）や情報の内容に基づき、例えば、強調表示や打消し表示、その他見出し文字や説明文、商品画像など、それぞれの情報が表示された箇所を、個々の領域として定義している。個々の領域ごとに視線停留時間を計測することで、どの領域が注意を引き付けた可能性が高いか、また、注意が向かなかった可能性が高いかの傾向を把握することができる。

(イ) ヒートマップによる視線停留時間の計測

上記のAOIによる算出では、設定した領域からはみ出した箇所の視線停留時間を把握できないという面がある。停留点の計測にはズレが生じやすいため、AOIの設定領域が小さい場合には、ヒートマップ[1]を用いて、その領域の付近にも視線が向いていないことを確認している。また、ヒートマップは、AOIの設定領域の中で特にどの箇所に長く視線が停留しているかを明らかにできるため、例えば、人物の動きによって特定の箇所に注意が向いている場合などについて分析することが可能となる。

【図表4】 視線停留時間（【左】はAOIごとの視線停留時間（秒）、【右】はヒートマップ）
※いずれも被験者17人の平均値

イ 視線の軌跡に関するデータ

前記**ア**の視線停留時間の計測結果からは、被験者がいずれの箇所に注意が引き付けられ、また、注意が向かなかった可能性が高いかを把握できるが、それらの要因をより詳細

---

1) ヒートマップでは、視線停留時間を段階的に色で対応させ、相対的に視線停留時間が長い箇所を濃い色、相対的に視線停留時間が短い箇所を薄い色で表示する。

に把握するためには、表示物を閲覧している間の過程、すなわち、視線の軌跡に関するデータを分析している。

視線の軌跡について分析する際には、視線の停留した順序や回数、1回に停留した時間の長さを示すゲイズプロットを用いている。例えば、文字の内容が音声で流れる動画広告の場合、ゲイズプロットで、音声が流れ出した後に文字に視線が移動しているときは、音声によって文字に注意が引き付けられた可能性があると考えられる。

【図表5】 ゲイズプロットの例 ※被験者1人のデータ

●：視線が停留した箇所を示すもので、「ブロブ（BLOB）」といわれる。数字は視線停留の順序を示す。

※前記アの視線停留時間は複数人の被験者の平均値を分析することができるが、ゲイズプロットは個々の被験者の結果を表す

ウ　インタビュー調査結果

たとえ、重要な情報が表示された箇所に注意が向いたとしても、その内容を理解し、かつ、記憶して後から思い出すことができなければ、一般消費者は誤認する可能性があるといえる。

この観点から、被験者が強調表示や打消し表示の内容を理解し、かつ、それらの内容を記憶して後から思い出すことができるか否かを把握するため、視線調査では、被験者が表示例を閲覧した後にインタビューを実施した。強調表示や打消し表示について、被験者がその内容を思い出して報告できた場合には「表示の内容を認識していた」と評価しており、その内容を思い出せず、報告できなかった場合には「表示の内容を認識していなかった」と評価している。

また、打消し表示の内容を認識していなかった者は、視線計測結果に基づいて、打消し表示に注意が向かなかった要因を考察するとともに、これとは別の側面から打消し表示の内容を認識できなかった要因を把握するため、インタビューの最後に、打消し表示を認識できるように枠で囲んだ表示例の画像を提示した上で、打消し表示の内容を認識できなかった理由を聴取した。

例えば、打消し表示に一定時間視線が停留したにもかかわらず、打消し表示の内容を認識していなかった者は、当該打消し表示に一定の注意を向けていた可能性が高く、視線計測結果だけから当該表示の内容を認識できなかった要因を把握することが難しい。しかし、インタビュー調査において、例えば、当該打消し表示を見ても、強調表示と打消し表示の対応関係を認識できなかったとの意見が聴取された場合、その点が当該打消し表示の内容を認識できなかった要因として考えられることとなる。

第 2 章　調査手法の解説

(4)　視線調査の実施要領（被験者及び提示物）

被験者	計 49 人（20～60 歳代の男女）
提示物	動画広告、紙面広告、スマートフォンの Web ページ（計 9 点）

　被験者 1 人に対し、各媒体の表示例を 1 点ずつ提示し（計 3 点）、表示例ごとに 15～17 人の被験者の結果を得た。

3　動画広告における視線調査の解説

(1)　動画広告の特徴を踏まえたパターン分析

　動画広告では、画面の表示時間内に認識できる情報量に限りがある中で、文字、音声、画像等の要素の組合せにより情報伝達が行われる。また、音声や画像が注意を引き付けやすく、目立たない表示には注意が向かないまま画面が切り替わることがある。

　こうした特徴を踏まえ、視線調査の報告書では、画面の構成要素（文字、音声及び画像）を基に、次頁以降のとおり 4 つのパターンに分類し、各パターンでいずれの構成要素が注意を引き付けるかを分析している。この分析は、強調表示に対応する打消し表示の内容を認識できるかという観点からの分析ではなく、動画広告において、どういう構成要素が含まれる画面において、どういう方法で情報を表示すれば、当該情報が一般消費者に認識されるかという観点からの分析である。

　この分類において、構成要素のうち「文字と音声の表示」は文字と音声が同じ内容を表示しているものを指し、「文字のみの表示」は文字の内容が音声で流れないものを指す。調査の結果、文字と音声が同じ内容を表示している場合は、文字と音声が異なる内容を表示している場合と比べて、表示の内容がより認識されやすい傾向がみられたことからも、両者を区別して分析することが妥当であると考えられる。

【報告書の補足解説及び今後の研究課題：画像の定義について】
　視線調査の報告書では、「画像」について、静止画（次頁パターン②のスーツの画像など）と、動きのある映像（次頁パターン③の回転しているスマートフォンの画像など）を区別していない。調査結果では、人物が動いている画面において、人物の動作等によって特定の箇所に注意が引き付けられる傾向がみられた（後記**イ**参照）。このように、画像の表示形式によって、視聴者の注意の向き方が変わる可能性があるが、そうしたメカニズムの解明には今後さらに詳細な研究が期待される。
　また、報告書では、文字又は音声の内容と、「画像」との関連性を考慮していない。例えば、文字の内容とは関係の薄い画像が表示されている場合、画像が文字の内容の認識を妨げる可能性がある一方、例えば、画面上の人物が、文字の箇所を手

で強調していたり、文字の内容を音声で発していたりするときは、より文字の内容が記憶に定着しやすい可能性があるが、そうしたメカニズムの解明には今後さらに詳細な研究が期待される。

【図表6】 画面の構成要素とパターン

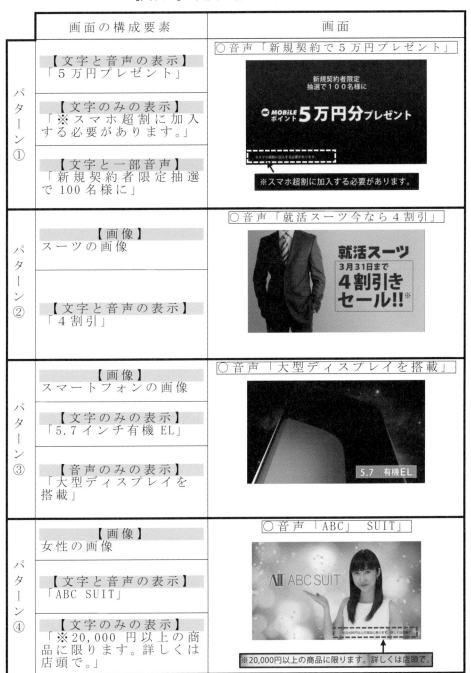

(2) 各パターンの分析結果

以下では、報告書で整理した4つのパターンについて、それぞれ調査結果の概要を解説するとともに、分析の趣旨や参考とした先行研究を補足して解説する。

ア 【パターン①】「文字と音声の表示」及び「文字のみの表示」が含まれる画面（複数の文字情報のうち、一部の内容が音声で表示される画面）

【図表7】 15秒の動画広告において、動画開始後11秒～13秒に表示される画面（報告書中の画面A－ⅲ）

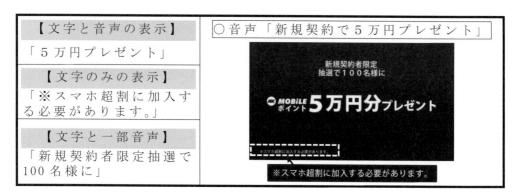

(ｱ) 調査結果の概要

インタビュー調査の結果、被験者17人のうち、16人が「文字と音声の表示」である「5万円プレゼント」との強調表示の内容を認識していた。「文字のみの表示」である「※スマホ超割に加入する必要があります。」との打消し表示の内容を認識していた者は1人もいなかった[2]。

また、前記2の(3)アに掲載した視線停留時間（AOIごとの視線停留時間及びヒートマップ）をみると、上記の強調表示に長く視線が停留しているのに対し、「文字のみの表示」である打消し表示はほとんど視線が停留していないことが読み取れる。

報告書では、当該打消し表示の内容を認識できなかった主な要因として、①強調表示が「文字と音声の表示」であるのに対し、打消し表示が「文字のみの表示」であること、②強調表示が大きく目立つように表示されているのに対し、打消し表示は小さな文字で目立たないように画面の隅などに表示されていること（文字のコントラスト）、③画面の表示時間（※2.0秒間）が短いことを挙げている。

以下では、これらの①～③の要因について、報告書でどのような根拠に基づいて調査結果を評価し、その分析結果からどのようなことを導いているのかを解説する。

---

[2] 「新規契約者限定抽選で100名様に」との打消し表示の内容を認識していたか否かは、インタビュー調査の時間の制約から聴取していない。

(イ) 強調表示が「文字と音声の表示」であるのに対し、打消し表示が「文字のみの表示」である点

視線調査では、文字のみの表示である「※スマホ超割に加入する必要があります。」との打消し表示には視線が停留しなかった一方、「新規契約で5万円プレゼント」との音声を手がかりにして、「新規契約者限定抽選で100名様に」との表示及び「ABC MOBiLEポイント5万円分プレゼント」との表示に視線が停留したことを示すような傾向がみられた。

この結果と関連し、認知心理学では、作業記憶の内容に一致したものが視覚呈示されると、そこに注意が自動的に向けられてしまうということがいわれている。例えば、先行研究では、あらかじめ被験者に「赤い正方形」という言葉（又はその図形の画像）を記憶させた後、色や形が異なる複数の図形が表示された画面を提示した場合、同じ色（赤色）や同じ形（正方形）の図形に、より注意が引き付けられやすい傾向がみられた。

このことは、上記の調査結果において、文字と同じ内容の音声（「新規契約で5万円プレゼント」との音声）が流れたことによってと、当該音声を手がかりにして文字に注意が引き付けられたとの評価を裏付けるものであるといえる。報告書では、この分析結果から導かれることとして、複数の文字情報がある画面において、「音声と文字の表示」は、「文字のみの表示」と比べて注意を引き付けやすく、「文字のみの表示」は注意が向きにくい傾向があるとしている。

【参考】

Soto, D., & Humphreys, G. W.（2007）. Automatic guidance of visual attention from verbal working memory. Journal of Experimental Psychology：Human Perception and Performance, 33, 730-757.

Pashler, H., & Shiu, L. P.（1999）. Do images involuntarily trigger search? Psychonomic Bulletin & Review, 6, 445-448.

【今後の研究課題：複数の「文字と音声の表示」が表示される場合に、それらの全ての表示の内容が認識されるか】

視線調査では、「文字と音声の表示」である「5万円プレゼント」との表示の内容を多数の者が認識していたことが明らかになった一方、同じく「文字と音声の表示」である「新規契約者限定」との表示については、当該表示の内容を被験者が認識したか否かについて、インタビュー調査の時間の制約から聴取できなかった。

視線調査の報告書では、「文字と音声の表示」は注意を引き付けやすいことを明らかにしているが、このように、1つの画面に複数の「文字と音声の表示」が表示される場合、時間の制約の中でそれらの全ての内容を一般消費者が認識できるか否かという点は必ずしも明らかではない。

複数の文字情報がある画面において、それらの複数の情報を一般消費者が認識できるように適切な表示方法を検討する上では、上記の点について今後さらに詳細な

第2章　調査手法の解説

研究が期待される。

【図表8】　ゲイズプロットの例

(ウ)　**文字のコントラスト**

　視線調査では、大きく目立つように表示された強調表示の文字（「5万円分プレゼント」との文字）が注意を引き付けたのに対し、小さな文字で目立たないように表示された打消し表示の文字（「※スマホ超割に加入する必要があります。」との文字）には注意が向きにくかったことを示すような傾向がみられた。

　この結果と関連し、認知心理学では、一般に、大きな文字など目立つ文字から先に注意が向けられ、読まれやすく、これらに対して目立たない文字は注意が向きにくいといわれている（「大局優位効果」）。

　このことは、上記の調査結果において、打消し表示に注意が向きにくかった要因として、前記(イ)のとおり当該表示が「文字のみの表示」であった点に加えて、当該表示が、強調表示と比べて小さな文字で、目立たないように画面の隅などに表示されていることも要因であるという評価を裏付けるものであるといえる。報告書では、この分析結果から導かれることとして、複数の文字情報がある画面において、大きく目立つように表示された文字の表示は注意を引き付けやすいのに対し、それと比べて小さな文字で目立たないように画面の隅などに表示された文字の表示は注意が向きにくい傾向があるとしている。

【参考】

　Navon, D.（1977）. Forest before trees：The precedence of global features in visual perception. Cognitive psychology, 9, 353-383.

【今後の研究課題：文字の大きさと音声との関係】

　視線調査に用いて表示例の中には、大きく目立つように表示された「文字のみの表示」と、それに比べて小さな文字で表示された「文字と音声の表示」とが含まれる画面がなかったが、こうした画面において、いずれの表示が注意を引き付けるかを解明するには、今後さらに詳細な研究が期待される。

　なお、「文字のみの表示」と「文字と音声の表示」が同じ文字の大きさの場合、

「文字と音声の表示」がより注意を引き付けやすいことは、報告書の画面B－ⅰの調査結果が示している（後記**イ**も参照）。

(エ) 画面の表示時間（2.0秒間）が短い点

前記(イ)及び(ウ)のとおり、大きな文字など目立つ文字と比べて、目立たないように表示された「文字のみの表示」は注意が向きにくい。

さらに、動画広告では、画面が切り替わるたび表示が消えてしまうため、画面の表示されている時間が短くなると、注意が向きにくい表示はより認識されない可能性が高くなる。

視線調査では、2.0秒間表示される画面において、被験者17人のうち、15人が「文字のみの表示」である「※スマホ超割に加入する必要があります。」との打消し表示に視線が停留することがなかった。

また、当該表示に視線が停留した者であっても、画面が切り替わった時点から、当該打消し表示に視線が停留するまでに1.8秒程度かかっており、次の画面に切り替わるまでに残り0.2秒程度しかなかった。

認知心理学では、一旦視線が停留して、次の停留点までシフトするためには0.2秒程度要するといわれている。このことを踏まえると、当該打消し表示は小さな文字であり、全ての文字を読むためには再度視線のシフトを要すると考えられるため、残りの0.2秒は当該打消し表示を読んで理解するための時間として十分であったとはいえない。

報告書では、この分析結果から導かれることとして、複数の文字情報がある画面において、注意が向きにくい文字の表示に視線が停留するまでに時間がかかる場合、画面に表示されている残りの時間で、一般消費者が当該表示の内容を認識できないおそれがあるとしている。

イ 【パターン②】画像及び「文字と音声の表示」が含まれる画面（文字の内容が音声で流れる画面）

【図表9】 15秒の動画広告において、動画開始後10秒～13秒に表示される画面
（報告書中の画面B－ⅱ）

【画像】	○音声「就活スーツ今なら4割引」
スーツの画像	（スーツの画像／就活スーツ 3月31日まで 4割引きセール!!※）
【文字と音声の表示】	
「4割引」	

第2章　調査手法の解説

(ア)　調査結果の概要

インタビュー調査の結果、被験者15人のうち、11人が「文字と音声の表示」である「4割引」との強調表示の内容を認識していたが、4人は当該表示の内容を認識していなかった。

被験者の視線停留時間をみると、「文字の音声の表示」の内容を認識していた者（11人）は、文字に長く視線が停留していたのに対し、当該表示の内容を認識していなかった者（4人）は画像の方に長く視線が停留しており、文字の視線停留時間が短かった。

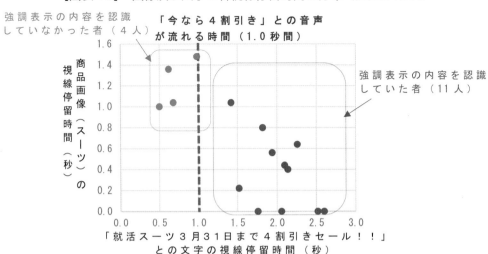

【図表10】　画像及び文字の各視線停留時間の分布（被験者15人）

報告書では、各被験者のゲイズプロットを分析した結果に基づき、「文字と音声の表示」の内容を認識していた者が、音声によって文字に注意が引き付けられた一方で、「文字と音声の表示」の内容を認識していなかった者については、画像の方に注意が引き付けられた可能性があると評価している。

以下では、それぞれの被験者について、報告書でどのような根拠に基づいて調査結果を評価し、その分析結果からどのようなことを導いているのかを解説する。

3 動画広告における視線調査の解説

(イ) 文字と音声の表示の内容を認識していた者が、音声によって文字に注意が引き付けられた点

【図表11】 文字と音声の表示の内容を認識していた者のゲイズプロット
【例1】　　　　　　　　　　　【例2】

　視線調査では、「文字と音声の表示」の内容を認識していた者（11人）が、音声によって文字に注意が引き付けられたことを示すように、音声が流れ出してから、すぐに画面右にある文字の領域に視線が移動し、商品画像には視線が停留することがなかったり、商品画像に視線が移動するまでに一定時間文字の領域に視線が停留する傾向がみられた。
　前記**ア**の(イ)のとおり、認知心理学の観点から、文字と同じ内容が音声で流れると、音声を手がかりにして文字に注意が引き付けられやすいことがいえる。
　このことは、上記の調査結果において、「文字と音声の表示」の内容を認識していた者が、文字と同じ内容の音声によって文字に注意が引き付けられたとの評価を裏付けるものであるといえる。報告書では、この分析結果から導かれることとして、画像と文字が表示される画面において、文字の内容が音声で流れる場合、音声によって文字に注意が引き付けられることで、「文字と音声の表示」の内容が認識される傾向があるとしている。

(ウ) 文字と音声の表示の内容を認識していなかった者が、画像に注意が引き付けられた点

【図表12】 文字と音声の表示の内容を認識していなかった者のゲイズプロット
【例3】　　　　　　　　　　　【例4】

　視線調査では、文字と音声の表示の内容を認識していなかった者（4人）は、音声が流れ出してから文字の領域に視線が停留するまでに長い時間がかかっており、また、文字の

領域に視線が停留した際も短い時間で商品画像の方に視線が移動していた。

画像に長く視線が停留していた結果は、上記の被験者が画像に注意が引き付けられた可能性が高いことを示すと考えられる。

この結果からさらに、画像に注意が引き付けられたことが、「文字と音声の表示」の内容を認識できなかった要因であるとの評価をするためには、以下の点に留意する必要がある。

第1に、認知心理学では、現在遂行中の課題とは別の事象へ意図せず注意がシフトすることを注意捕捉（Escera et al., 2000）という。上記の結果についていうと、画像に視線が停留していながら、例えば「4割引セール」との音声に注意が捕捉されていた可能性があることが想定される。

【参考】

Escera, C., Alho, K., Schröger, E., Winkler, I.（2000）. Involuntary attention and distractibility as evaluated with event-related brain potentials. Audiology & Neurotology, 5, 151-166.

第2に、視線計測結果からは、被験者が音声に注意を向けている状態を把握することができない。上記の結果についていうと、画像に視線が停留していた者が、「4割引セール」との音声に注意を向けていたか否かについて把握することはできない。

以上の2点を踏まえた上で、上記の調査結果では、画像に長く視線が停留していた者（4人）が、「4割引セール」との音声の内容を認識していなかったことがインタビュー調査で確認されている。そして、一方で、前記(イ)のとおり、文字に長く視線が停留した者（11人）は、当該音声の内容を認識していたことがインタビュー調査で確認されている。

これらのインタビュー調査結果の比較からは、音声で流れる間、文字ではなく画像に注意が引き付けられた者（4人）は、「文字と音声の表示」の知覚、理解、記憶の過程において、画像が妨げとなった可能性があると考えられる。

報告書では、このことから、文字の内容が音声で流れる場合であっても、文字ではなく商品等の画像に注意が向くことで、文字と音声の表示の内容が認識されないことがあるとしている。

【補足解説及び今後の研究課題：映像や画像を用いて表示を強調することで、より表示内容を認識される方法】

視線調査では、画像について、文字や音声の内容の認識を妨げる可能性があるものとして分析している。

実際に、パターン②の上記の画面では、一部の者がスーツの商品画像に注意が引き付けられ、「文字と音声の表示」である4割引との表示の内容を認識できなかった可能性があることを示す結果が得られた。

しかし、例えば、画面に現れた人物が、文字の内容を音声で発しながら、文字の部分を指し示すような動きをしている場合など、画像が文字の内容の認識を妨げる

よりも、むしろ文字の内容を強調している場合もあると考えられる。

　こうした場合について、視線調査では、長時間の動画広告（動画全体が75秒間）において、画面に現れた人物（男性）が「このプリンター」との音声を発しながら、画面右下のプリンター及び「プリンターをセット」との文字を指し示す動きをしている場合、被験者16人のうち15人が、セット内容にプリンターが含まれる旨を認識していた。

【図表13】　長時間の動画広告における画面

　上記の長時間の動画広告の画面では、画面に現れた人物が、文字の内容を強調することで、文字の内容がより記憶に定着しやすくなった可能性もあると考えられる。
　この結果には、長時間の動画広告において、画面の表示時間が長かったことなども影響していると考えられるが、短時間の動画広告においても、このように映像や画像を用いて、表示を強調することで、より効果的に表示の内容を認識させる方法については、今後さらに詳細な研究が期待される。

ウ　【パターン③】画像、「文字のみの表示」及び「音声のみの表示」が含まれる画面（文字と異なる内容の音声が流れる画面）

【図表14】　15秒の動画広告において、動画開始後2秒～4秒に表示される画面
　　　　　　（報告書中の画面A－ⅰ）

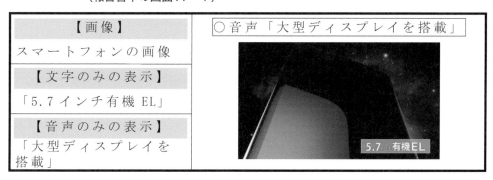

(7) 調査結果の概要

インタビュー調査の結果、被験者17人のうち、5人が「文字のみの表示」である「5.7インチ有機EL」との表示の内容を認識していたが、12人は当該表示の内容を認識していなかった。

被験者の視線停留時間をみると、当該表示の内容を認識していなかった者（12人）のうち、①画像に長く視線が停留し、文字にはほとんど視線が停留しなかった場合がみられた一方で、②文字に一定時間視線が停留している場合もみられた。

このうち、①画像に長く視線が停留し、文字にはほとんど視線が停留しなかった場合（図表15ゲイズプロットの【例1】など）については、画像に注意が引き付けられ、文字には注意が向かなかった可能性があると考えられる。

一方で、②文字に一定時間視線が停留したにもかかわらず、当該表示の内容を認識していなかった場合（図表15ゲイズプロットの【例2】など）については、視線計測結果から文字の内容を認識できなかった要因を十分に検証できなかった。

②の場合について、さらに想定されることとしては、(i)表示例を閲覧している時点で文字を知覚できなかった又は文字の内容を理解できなかった場合、あるいは、(ii)表示例を閲覧している時点では文字の内容を理解したものの、その内容が長期記憶に固定化されなかった場合が可能性として考えられる。

以下では、この(i)及び(ii)について、それぞれ文字の内容を認識できなかった要因として想定されることを解説する。

【図表15】 文字のみの表示の内容を認識していなかった者のゲイズプロット

【例1】　　　　　　　　　　　　　　【例2】

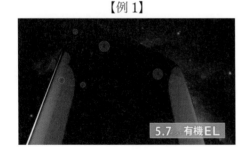 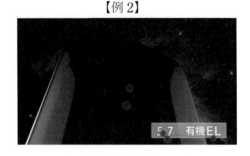

○　文字を知覚できなかった又は文字の内容を理解できなかった場合

一定時間「5.7インチ有機EL」との文字に視線が停留したものの、当該文字を知覚できなかった又は文字の内容を理解できなかった場合として想定されるのは、当該文字の背景に表示された画像（回転しているスマートフォンの商品画像）を見ている場合である。

この場合について視線調査の報告書では指摘されていないが、例えば、画像の動きや光沢の変化に注意が引き付けられ、文字の箇所には視線が停留したものの、実際にはその背景の画像を見ていた可能性があることなどが想定される。

○ 文字の内容に関する記憶が失われた場合

認知心理学では、現在遂行中の課題とは別の事象へ意図せず注意がシフトすることを注意捕捉（Escera et al., 2000）という（前記イの(ウ)を参照）。そのような場合、見ている内容が長期記憶に固定化されず、事後のインタビューで回答できなかった可能性があることが想定される（ただし、こうした場合を視線計測結果だけで把握することはできない。）。

このことを踏まえると、一定時間「5.7インチ有機EL」との文字に視線が停留したものの、インタビューでその内容を回答できなかった者は、別の刺激（「大型ディスプレイを搭載」との音声や回転している画像）の方に注意が引き付けられることで、文字の内容に関する記憶が失われた可能性があることが想定される。

【補足解説：文字と異なる内容の音声に対する認識】

短時間の動画広告では、パターン③（文字と異なる内容の音声が流れる画面）において、音声の内容を被験者が認識していたか否かについて、インタビュー調査の時間の制約から聴取できなかった。

長時間の動画広告では、インタビュー調査の結果、音声の表示の内容は認識されやすい傾向がみられたのに対し、文字の表示の内容は認識されない傾向がみられた。下記のゲイズプロットのように、文字に一定時間視線が停留したものの文字の内容を認識できなかった者からは、インタビュー調査において音声の方に注意を向けていたとの意見が聞かれた。

これらの結果に関しては、認知心理学において、聴覚の情報は記憶に残留しやすいのに対し、視覚の情報は上書きされやすいということもいわれている。

【図表16】文字と音声が異なる内容を表示する画面において、「文字のみの表示」（打消し表示）の内容を認識していなかった者のゲイズプロット

【音声のみで表示される強調表示】
「これがあると、いつでもどこでもインターネットができるんですよね」

文字のみで表示される打消し表示
※エリアによってはご利用いただけない場合や速度が遅くなる場合があります

【表示内容の認識に関するインタビュー調査結果】

被験者15人のうち、12人が「音声のみの表示」の内容を認識していたが、「文字のみの表示」の内容を認識していた者は1人しかいなかった。

第 2 章　調査手法の解説

エ　【パターン④】画像、「文字と音声の表示」及び「文字のみの表示」が含まれる画面（複数の文字情報のうち、一部の内容が音声で表示される画面）

【図表 17】　15 秒の動画広告において、動画開始時点〜2 秒に表示される画面（報告書の画面 B－ⅰ）【上】及び動画開始後 13 秒〜15 秒に表示される画面（報告書の画面 B－ⅲ）【下】

(ｱ)　調査結果の概要

「文字のみの表示」について、インタビュー調査の結果、被験者 15 人のうち「フレッシャーズキャンペーン」との表示の内容を認識していた者は 1 人もいなかった。

また、被験者 15 人のうち、14 人が「※20,000 円以上の商品に限ります。詳しくは店頭で。」との表示の内容を認識していなかった。

視線停留時間の平均値[3]をみると、いずれの画面でも、前記アと同様に、「文字と音声の表示」と比べて、「文字のみの表示」は視線停留時間が短かった。特に、「フレッシャーズキャンペーン」との表示（「文字のみの表示」）は、同じ文字の大きさである「ABC SUIT」との表示（「文字と音声の表示」）と比べて、注意が向きにくい傾向がみられた。

---

[3] 報告書の画面 B－ⅲは被験者 15 人の平均値を算出し、報告書の画面 B－ⅰは、視線が正しく計測できた 13 人を母集団に平均値を算出した。

また、いずれの画面でも、人物が最も長い時間視線が停留しており、人物に注意が引き付けられた可能性が高いと考えられる。認知心理学の先行研究でも、人物の顔に注意が向きやすいことがいわれている。

【参考】

Langton, S. R. H., Law, A. S., Burton, A. M., & Schweinberger, S. R.（2008）. Attention capture by faces. Cognition, 107, 330-342.

Sato, S., & Kawahara, J.（2015）. Attentional capture by completely task-irrelevant faces. Psychological Research, 79, 523-533.

【図表18】 AOIごとの視線停留時間の平均値

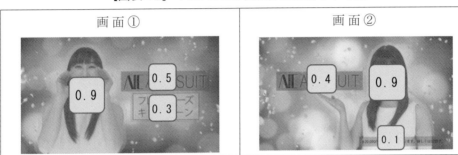

報告書では、いずれの画面においても、「文字のみの表示」の内容を認識できなかった主な要因として、(ⅰ)人物の動作等によって画面の特定の箇所に注意が引き付けられたこと、(ⅱ)「ABC SUIT」との音声が流れることによって、「ABC SUIT」との文字に注意が引き付けられたことを挙げている。これらの点に加えて、「※20,000円以上の商品に限ります。詳しくは店頭で。」との表示については、(ⅲ)文字が小さいなど目立たないように表示されていることも挙げている。

このうち、(ⅱ)及び(ⅲ)の点については、前記**ア**のパターン①（複数の文字情報のうち、一部の内容だけが音声で流れる画面。パターン①では画像が表示されないのに対し、パターン④では画像が表示される）と同様の傾向を示すものであるといえる。

ここでは、パターン④で特徴的な点として、(ⅰ)の人物に対する注視の点について解説する。

(イ) **人物に対する注視**

○ ヒートマップによる分析

前記(ｱ)のAOIごとの視線停留時間では、人物の画像のどの部分に特に視線が停留していたかは把握できなかったが、ヒートマップをみると、音声を発する人物の顔や手で出した先の箇所に長く視線が停留していたことが分かる。

報告書では、画面に静止画が表示されている場合のヒートマップと比較した結果に基づき、人物が音声を発したり、人物が動いたりしているような場合、人物の動作等によって特定の箇所に注意が引き付けられやすい傾向があると考えられるとしている。

第2章　調査手法の解説

【図表19】　人物が動いている画面のヒートマップ

音声を発する人物の顔や手で出した先の箇所に長く視線が停留している。

【図表20】　静止画が表示されている画面のヒートマップ

商品画像の表示される領域に全体的に視線が停留している。

○　ゲイズプロットによる分析

　ヒートマップでみられた傾向について、視線の軌跡を示すゲイズプロットを調べたところ、画面の人物の動きに従って、被験者の視線が移動している傾向がみられたことが確認された。

　また、いずれの画面でも、人物に対する注視の傾向がみられたが、「文字と音声の表示」である「ABC SUIT」との文字にも視線が停留していた。このことから、画面の特定の箇所を強調するような動きをしているような場合であっても、画面の文字の内容が音声で流れるときは、音声によって文字に注意が引き付けられ得ることが確認された。

【図表21】　ゲイズプロット（被験者1人の例）

4　紙面広告における視線調査の解説

　紙面広告における視線調査は、他の媒体と同様に1年目の打消し表示の実態調査結果の実証に加え、様々な情報が一覧できるように表示された紙面において、どのような場合に一般消費者が強調表示と打消し表示を一体として認識できるかを明らかにすることを目的として、調査を実施した。

　調査の実施方法として、紙面広告を消費者が閲覧する際に時間の制約がないことを踏まえ、紙面広告の調査では、被験者が表示例を閲覧する際に時間の制限を設けなかった。また、紙面広告に対する見方は、閲覧時間や閲覧する者の関心事項によっても異なることが想定されたため、個々の被験者がどの表示に注目していたかを把握する手がかりとして、表示例を閲覧した後のインタビュー調査において、どの表示が「印象に残った」かを聴取した。

　打消し表示に関する分析としては、下記(3)のとおり、紙面の中で特に強調表示に注意を向けた者が、強調表示と打消し表示を一体として認識できたか否かを分析することとした。そして、これらの者が打消し表示に注意が向いた要因や注意が向かなかった要因を分析する上では、時間的制約がない紙面広告全体の見方を把握しておく必要があったことから、以下の分析を行った。

　紙面広告全体の見方に関する分析として、まずは、下記(1)のとおり、紙面全体の中で目立つ表示に注意が向きやすいか、また、目立たない表示には注意が向きにくいかを分析した。この分析を通じて、紙面に記載された打消し表示について、その文字の大きさや色が目立つように表示されているか否かによって、当該打消し表示に注意が向きやすいか、逆に、注意が向きにくいかの傾向を把握することにも繋がると考えた。

　また、紙面広告の特徴的な点として、閲覧する者の関心事項などによっても表示の見方が異なることも想定されたため、下記(2)のとおり、被験者ごとに紙面全体の中で特に長く視線が停留している箇所に対する見方を分析するとともに、それ以外の箇所についてどのような見方をしているのかも分析した。この分析を通じて、打消し表示の配置箇所について、例えば、強調表示から離れた箇所に打消し表示が表示されている場合、強調表示に注意を向けた者が打消し表示に注意が向くか否かの傾向を把握することにも繋がると考えた。

【図表22】　紙面広告を閲覧した被験者のゲイズプロットの例

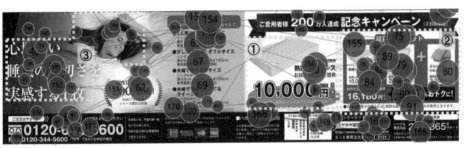

上記被験者がインタビュー調査で<u>「印象に残った」</u>と回答した表示	① 「熟睡マットレスお試し価格でご提供10,000円」との強調表示
	② 「特別お試しセット」に関する表示
	③ イメージ画像

(1) 各媒体に共通する表示の見方に関する分析（目立つ表示に注意が向きやすいか、また、目立たない表示には注意が向きにくいか）

　認知心理学の先行研究では、視線が顕著性の高い順に停留することが一般的にいわれており、紙面広告においても、他の媒体と同様に、目立つ画像や大きな文字には注意が向きやすい一方、小さい文字など目立つ表示には注意が向きにくいと考えられる。

　このことを検証するため、視線調査では、全ての媒体の表示例について、これらの目立つ表示に長く視線が停留する傾向がみられるか、また、目立たない表示には視線が停留しにくい傾向がみられるかを分析した。計測結果に基づき、視線停留時間が長い箇所は注意が引き付けられた可能性が高く、ほとんど視線が停留していない箇所は注意が向かなかった可能性が高いと考えられる。

　この分析の結果、動画広告及びスマートフォンのWebページでは、多数の被験者に共通する傾向として、目立つ文字や画像に注意が引き付けられ、目立たない表示には注意が向かない傾向が顕著にみられた。紙面広告においても、これらの媒体と同様の分析を行ったところ、同様に、目立つ文字や画像に視線が停留する傾向がみられることが確認された。

　したがって、閲覧する際の時間的制約がない紙面広告においても、目立つように表示された打消し表示は注意が向きやすいのに対し、目立たないように表示された打消し表示は注意が向きにくいと考えられる。

(2) 紙面広告において特徴的な表示の見方に関する分析（被験者ごとに紙面全体の中で特に長く視線が停留している箇所に対する見方に関する分析）

　紙面広告の特徴として、紙面広告を閲覧する際に時間の制約がなく、また、画面上の制約もなく表示全体を一覧できる。これらの紙面広告の特徴からは、例えば、紙面全体に表示された様々な情報の中から、自身の関心のある情報を見つけて、その周辺箇所を何度も読み返すような表示の見方をすることが想定される。

　このことを踏まえ、紙面広告の3つの表示例において、各被験者（調査被験者全49人）がそれぞれ特に長く視線が停留した箇所をゲイズプロット（前頁に1例を示す）で調べたところ、被験者ごとに「印象に残った表示」の箇所に長く視線が停留する傾向がみられた。

　この傾向をさらに検証するため、被験者の表示全体の閲覧時間を算出した上で（※紙面に含まれる全てのAOIの視線停留時間の合計値を算出）、「印象に残った表示」の箇所の視線

停留時間が閲覧時間に占める割合を算出した。これらの計測結果をみても、「印象に残った」と回答した表示の箇所の視線停留時間が長かったことから、「印象に残った」と回答した表示の箇所に注意を向けていた可能性が高いと考えられる。一方で、これ以外の箇所については、注意が向きにくい傾向があると考えられる、例えば、紙面の右下隅の注意書きの一括表示には一度も視線が停留しない場合もみられた。

以上の分析結果を踏まえ、視線調査の報告書では、紙面広告において閲覧する際に時間的な制約がなく、能動的に見ることができるにもかかわらず、強調表示に注意を向けた場合に、当該強調表示から離れた箇所には注意が向かない可能性があり、強調表示から離れた箇所に表示された打消し表示については認識されにくい傾向があるとしている。

(3) 打消し表示に対する認識に関する分析

紙面広告において特徴的な表示の見方の傾向を踏まえ、どのように打消し表示が表示された場合に、強調表示と打消し表示が一体として認識されるか、また、一体として認識されないかを調査するため、強調表示が「印象に残った」と回答した被験者について、当該被験者が打消し表示に長く視線が停留していたか（視線計測結果）、その内容を認識していたか（インタビュー調査結果）を分析した。

強調表示が「印象に残った」と回答し、かつ、強調表示の箇所に長く視線が停留していた者は、強調表示に注意を向けていた可能性が高いと考えられる。そして、強調表示に注意を向けた者が、打消し表示に注意を向けていなかったり、打消し表示の内容を認識していなかったりする傾向がみられる場合、当該強調表示と打消し表示は一体として認識されない可能性が高いと考えられる。一方、強調表示に注意を向けた者が、打消し表示の内容を認識している傾向がみられる場合、当該強調表示と打消し表示は一体として認識される可能性が高いと考えられる。

以上の分析を踏まえ、視線調査の報告書では、強調表示に注意を向けた者が、強調表示から離れた箇所にある打消し表示の内容を認識できないおそれがあることを明らかにするとともに、強調表示と文字のバランスが著しく悪いような小さな文字で表示されていたり、強調表示と違う字体や色で表示されていたり、打消し表示の背景が強調表示の背景と異なっていたりするときは、一般消費者が強調表示と打消し表示を一体として認識できないおそれがあることを明らかにしている（調査結果は**第1章**の概説を参照）。

第3章

打消し表示に関する表示方法及び表示内容に関する留意点（実態調査報告書のまとめ）

第 3 章　打消し表示に関する表示方法及び表示内容に関する留意点（実態調査報告書のまとめ）

　消費者庁では、(i)「打消し表示に関する実態調査報告書」（平成 29 年 7 月公表）、(ii)「スマートフォンにおける打消し表示に関する実態調査報告書」（平成 30 年 5 月公表）及び(iii)「広告表示に接する消費者の視線に関する実態調査報告書」（平成 30 年 6 月公表）の 3 つの実態調査報告書を取りまとめたところ、これらを踏まえ景品表示法上の考え方を整理したものとして、平成 30 年 6 月に「打消し表示に関する表示方法及び表示内容に関する留意点」を公表した。
　本章は、この「打消し表示に関する表示方法及び表示内容に関する留意点」に、上記 3 つの実態調査で使用した事例と解説を加えたものである。

1　はじめに

　一般消費者に対して、商品・サービスの内容や取引条件について訴求するいわゆる強調表示[1]は、それが事実に反するものでない限り何ら問題となるものではない。ただし、強調表示は、対象商品・サービスの全てについて、無条件、無制約に当てはまるものと一般消費者に受け止められるため、仮に例外などがあるときは、その旨の表示（いわゆる打消し表示[2]）を分かりやすく適切に行わなければ、その強調表示は、一般消費者に誤認され、不当表示として不当景品類及び不当表示防止法（以下「景品表示法」という。）上問題となるおそれがある。
　強調表示と打消し表示との関係は、強調表示の訴求している内容が商品・サービスの実際を反映していることが原則であり、打消し表示は、強調表示だけでは一般消費者が認識できない例外条件、制約条件等がある場合に例外的に使用されるべきものである。したがって、強調表示と打消し表示とが矛盾するような場合は、一般消費者に誤認され、景品表示法上問題となるおそれがある。
　また、例えば、打消し表示の文字が小さい場合や、打消し表示の配置場所が強調表示から離れている場合、打消し表示が表示されている時間が短い場合等、打消し表示の表示方法に問題がある場合、一般消費者は打消し表示に気付くことができないか、打消し表示を読み終えることができない。また、打消し表示の表示内容に問題がある場合、一般消費者は打消し表示を読んでもその内容を理解できない。
　このように、打消し表示の内容を一般消費者が正しく認識できないことにより、商品・サービスの内容や取引条件について実際のもの又は競争事業者に係るもの（以下「実際のもの等」という。）よりも著しく優良又は有利であると一般消費者に誤認される場合、景品表示法上問題となるおそれがある。ここでいう「著しく」とは、当該表示の誇張の程度が、社会一般に許容される程度を超えて、一般消費者による商品・サービスの選択に影響を与える場合を指す。

---

1) 事業者が、自己の販売する商品・サービスを一般消費者に訴求する方法として、断定的表現や目立つ表現などを使って、品質等の内容や価格等の取引条件を強調した表示。
2) 強調表示からは一般消費者が通常は予期できない事項であって、一般消費者が商品・サービスを選択するに当たって重要な考慮要素となるものに関する表示。

そこで、(i)「打消し表示に関する実態調査」(平成28年10月〜平成29年3月。平成29年7月に消費者庁において公表した「打消し表示に関する実態調査報告書」の基礎となった調査。以下「打消し表示の実態調査」という。)、(ii)「スマートフォンにおける打消し表示に関する実態調査」(平成29年10月2日〜平成30年2月28日。平成30年5月に消費者庁において公表した「スマートフォンにおける打消し表示に関する実態調査報告書」の基礎となった調査。)及び(iii)「広告表示に接する消費者の視線に関する実態調査」(平成29年11月30日〜平成30年2月28日。平成30年6月に消費者庁において公表した「広告表示に接する消費者の視線に関する実態調査報告書」の基礎となった調査。以下「視線調査」という。)を基に、①打消し表示の表示方法、②打消し表示の表示内容及び③体験談を用いる場合の打消し表示に分けて、景品表示法上の基本的な考え方及び適切な表示に向けての留意点を示す。

2　打消し表示の表示方法について

(1)　基本的な考え方

打消し表示の内容を一般消費者が正しく認識できるように適切な表示方法で表示されているか否かについては、打消し表示の文字の大きさ、配置箇所、色等から総合的に判断されるところ、この判断に当たっては、全ての媒体に共通する要素とともに、各媒体で特徴的な要素についても留意する必要がある。

打消し表示の内容を一般消費者が正しく認識できるような適切な表示方法で表示されているか否かは以下の要素等から総合的に判断される。

〈要素〉
- 打消し表示の文字の大きさ
- 強調表示の文字と打消し表示の文字の大きさのバランス
- 打消し表示の配置箇所
- 打消し表示と背景の区別
- 【動画広告】打消し表示が含まれる画面の表示時間
- 【動画広告】音声等による表示の方法
- 【動画広告】強調表示と打消し表示が別の画面に表示されているか
- 【動画広告】複数の場面で内容の異なる複数の強調表示と打消し表示が登場するか
- 【Web広告（PC）】強調表示と打消し表示が1スクロール以上離れているか
- 【Web広告（スマートフォン）】アコーディオンパネルに打消し表示が表示されているか
- 【Web広告（スマートフォン）】コンバージョンボタンの配置箇所
- 【Web広告（スマートフォン）】スマートフォンにおける強調表示と打消し表示の距離
- 【Web広告（スマートフォン）】スマートフォンにおける打消し表示の文字の大きさ

第3章　打消し表示に関する表示方法及び表示内容に関する留意点（実態調査報告書のまとめ）

- 【Web広告（スマートフォン）】スマートフォンにおける打消し表示の文字とその背景の色や模様
- 【Web広告（スマートフォン）】他の画像等に注意が引き付けられるか

(2) 問題となる打消し表示の表示方法

ア　全ての媒体に共通して問題となる表示方法

紙面広告、動画広告及びWeb広告（PC及びスマートフォン）の全ての表示物について、打消し表示の内容が一般消費者に正しく認識されるためには、以下に記載している要素のそれぞれについて留意する必要がある。

(ア)　打消し表示の文字の大きさ

打消し表示に関する実態調査の結果を踏まえると、打消し表示の文字の大きさは、一般消費者に打消し表示が認識されない大きな理由の1つであると考えられる。

そのため、例えば、一般消費者が打消し表示を見落としてしまうほど文字が小さい場合、打消し表示の内容を一般消費者が正しく認識できないと考えられる。こうした表示方法により、商品・サービスの内容や取引条件について実際のもの等よりも著しく優良又は有利であると一般消費者に誤認されるときは、景品表示法上問題となるおそれがある。

○　求められる表示方法

事業者が打消し表示を行う際には、一般消費者が手にとって見るような表示物なのか、鉄道の駅構内のポスター等の一般消費者が離れた場所から目にする表示物なのかなど、表示物の媒体ごとの特徴も踏まえた上で、それらの表示物を一般消費者が実際に目にする状況において適切と考えられる文字の大きさで表示する必要がある。

【事例解説】
【図表1】「今ならお試し約7日分が無料」との強調表示及び
「※本商品を初めて購入の方に限ります。」との打消し表示

- 視線調査では、視線調査の表示例①において、「今ならお試し約7日分が無料」との強調表示に注意を向けた可能性が高い者（6人）のうち、8ポイントで表示された打消し表示の内容を認識していた者は1人もいなかった。
- 当該打消し表示の文字が小さかったことに加えて、後記(イ)「強調表示の文字と

2 打消し表示の表示方法について

打消し表示の文字の大きさのバランス」が適切でなかったことが要因となり、打消し表示と強調表示が一体として認識されなかったことが考えられる。

【図表2】 打消し表示の内容を認識していなかった者のゲイズプロットの例

○ 上記ゲイズプロットの解説

強調表示に長く視線が停留するとともに、「先着100名様」との表示及び「さらに送料無料」との表示にも視線が停留しているが、打消し表示にはほとんど視線が停留していない。

(イ) 強調表示の文字と打消し表示の文字の大きさのバランス

打消し表示は、強調表示といわば「対」の関係にあることから、強調表示と打消し表示の両方を適切に認識できるように文字の大きさのバランスに配慮する必要があり、打消し表示の文字の大きさが強調表示の文字の大きさに比べて著しく小さい場合、一般消費者は、印象の強い強調表示に注意が向き、打消し表示に気付くことができないときがあると考えられる。

そのため、例えば、打消し表示が強調表示の近くに表示されていたとしても、強調表示が大きな文字で表示されているのに対して、打消し表示が小さな文字で表示されており、強調表示を見た一般消費者が当該強調表示に対する打消し表示に気付くことができないような場合、打消し表示の内容を一般消費者が正しく認識できないと考えられる。こうした表示方法により、商品・サービスの内容や取引条件について実際のもの等よりも著しく優良又は有利であると一般消費者に誤認されるときは、景品表示法上問題となるおそれがある。

第3章 打消し表示に関する表示方法及び表示内容に関する留意点（実態調査報告書のまとめ）

【事例解説】
【図表3】 「18ヶ月間　月々320円割引！」との強調表示及び「※現在他のサービスをご利用中のお客様が対象サービスに変更される場合、割引の対象外となります。」との打消し表示

・ 打消し表示の実態調査では、打消し表示の実態調査の表示例①において、最大48ポイントで表示された強調表示に対して、10ポイント程度の小さな文字で打消し表示が表示されていたことが主な要因となり、強調表示に気付いた者のうち、84.3％～94.2％の者が打消し表示を見落としていた。

(ｳ) 打消し表示の配置箇所

　打消し表示は、一般消費者が、それが強調表示に対する打消し表示であると認識できるように表示する必要があるため、打消し表示の配置箇所は、打消し表示であると認識されるようにするための非常に重要な要素である。

　打消し表示の配置箇所に問題があるか否かを判断する際は、(ⅰ)強調表示と打消し表示がどの程度離れているのかという点に加えて、(ⅱ)強調表示と打消し表示のそれぞれの文字の大きさ等も勘案される。

　そのため、例えば、打消し表示の文字の大きさが、一般消費者が見落としてしまうほど小さくない場合であったとしても、打消し表示が強調表示から離れた場所に表示されており、一般消費者が打消し表示に気付かなかったり、打消し表示に気付いたとしても、当該打消し表示が、離れた場所に表示された強調表示に対する打消し表示であることを認識できないような場合、打消し表示の内容を一般消費者が正しく認識できないと考えられる。こうした表示方法により、商品・サービスの内容や取引条件について実際のもの等よりも著しく優良又は有利であると一般消費者に誤認されるときは、景品表示法上問題となるおそれがある。

2 打消し表示の表示方法について

【事例解説】

【図表4】 「万が一、お口に合わない場合全額を返金します!!」との強調表示及び
「本商品を未開封に限り全額返金いたします」との打消し表示

- 視線調査では、視線調査の表示例①において、紙面の左上の強調表示に注意を向けていた可能性が高い者（10人）は、当該強調表示から離れた紙面の右下隅の箇所にある打消し表示の内容を認識していた者が1人もいなかった。
- 紙面の右下隅の箇所は、強調表示から離れた箇所に表示されていたことに加えて、小さな文字だけで構成された注意書きが表示されており、他の目立つ文字が表示された箇所と比べて、注意が向きにくかった可能性があると考えられる。

【図表5】 打消し表示の内容を認識していなかった者のゲイズプロットの例

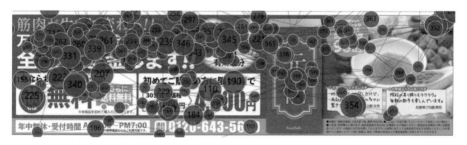

○ 上記ゲイズプロットの解説
　紙面の左上の強調表示に長く視線が停留しているが、打消し表示が表示された紙面の右下隅の箇所には視線が停留していない。

(I) **打消し表示と背景との区別**

　打消し表示の文字の色と背景の色が対照的でない場合（例えば、明るい水色、オレンジ色、黄色の背景に、白の文字で打消し表示を行った場合）など、打消し表示の文字と背景との区別がつきにくいような場合には、一般消費者は打消し表示に気付かないおそれがあ

第3章 打消し表示に関する表示方法及び表示内容に関する留意点（実態調査報告書のまとめ）

る。

　打消し表示の文字と背景との区別がつきにくいか否かを判断する際は、(i)背景の色と打消し表示の文字の色との組合せ（例えば、白の背景に、黒の文字で打消し表示を行った場合には打消し表示が目立つのに対し、打消し表示の文字の色と背景の色が対照的でない場合は打消し表示が見にくい。）に加えて、(ii)打消し表示の背景の模様等も勘案される。

　そのため、例えば、打消し表示の背景が無地の単色ではなく、複数の色彩が入り組んでおり、打消し表示の文字と背景との区別がつきにくいような場合、打消し表示の内容を一般消費者が正しく認識できないと考えられる。こうした表示方法により、商品・サービスの内容や取引条件について実際のもの等よりも著しく優良又は有利であると一般消費者に誤認されるときは、景品表示法上問題となるおそれがある。

【事例解説】

【図表6】　「熟睡マットレスお試し価格でご提供10,000円」との強調表示及び「※お試し価格はシングルサイズの場合のみ。」との打消し表示

- 視線調査では、視線調査の表示例②において、強調表示に注意を向けていた可能性が高い者（9人）のうち、灰色の背景に白い文字で表示された打消し表示の内容を認識していた者は4人だった（5人は打消し表示の内容を認識していなかった。）。

【図表7】　打消し表示の内容を認識していなかった者のゲイズプロットの例

○　上記ゲイズプロットの解説
　強調表示に長く視線が停留しているが、打消し表示にはほとんど視線が停留していない。

イ　紙面広告において問題となる表示方法

　打消し表示の実態調査の報告書で示しているように、打消し表示が強調表示から離れた箇所に表示されており、一般消費者が打消し表示に気付いたとしても、当該打消し表示が、強調表示に対する打消し表示であると認識できないような場合や、打消し表示が強調表示の近くに表示されていたとしても、強調表示が大きな文字で表示されているのに対して、打消し表示が小さな文字で表示されており、強調表示を見た一般消費者が当該強調表示に対する打消し表示に気付くことができないような場合等、一般消費者が強調表示と打消し表示を一体として認識できない場合には、景品表示法上問題となるおそれがある。
　視線調査の結果、紙面広告を閲覧する一般消費者は、動画広告（Webサイトに掲載されているような場合を除く。）のように閲覧する際に時間的な制約がなく、能動的に見ることができるにもかかわらず、強調表示に注意を向けた場合に、当該強調表示から離れた箇所には注意が向かない可能性があり、強調表示から離れた箇所に表示された打消し表示については認識されにくい傾向があることが判明した。
　このことから、打消し表示が強調表示から離れた箇所に表示されている場合、強調表示に隣接した箇所に、離れた箇所に打消し表示があることが認識できるような記述や記号などがないときは、一般消費者が打消し表示の内容を認識できないおそれがあることに留意する必要がある。特に、（紙面広告の隅に掲載されており、）小さい文字だけで構成された注意書きが一括して表示されている箇所は、一般消費者の注意が向かない可能性があることも視線調査において判明した。このことから、打消し表示をこのような表示のみで行うことは強調表示に関して一般消費者の誤認を招くおそれがあることに留意し、強調表示と打消し表示を一体として認識できるように表示する必要がある。
　また、紙面広告では様々な情報が盛り込まれている一方、多くの情報の中から、必要な情報を関連付けて読むという行動が取られにくく、さらに、特に強調した表示を行っている箇所を中心によく見るという行動が取られることも視線調査で判明した。
　視線調査結果から、打消し表示の内容を理解するために他の情報と関連付けて理解する必要がある場合であって、関連する情報が一体として認識できるように表示されていないときは、一般消費者が打消し表示の内容を認識できないおそれがあることに留意する必要がある。
　さらに、視線調査で明らかになったように、打消し表示が強調表示に隣接した箇所に表示されている場合であっても、強調表示と文字のバランスが著しく悪いような小さな文字で表示されていたり、強調表示と違う字体や色で表示されていたり、打消し表示の背景が

第3章 打消し表示に関する表示方法及び表示内容に関する留意点（実態調査報告書のまとめ）

強調表示の背景と異なっていたりするときは、一般消費者が強調表示と打消し表示を一体として認識できないおそれがあることにも留意する必要がある。

これらのことからすると、打消し表示は、強調表示に隣接した箇所に表示した上で、文字の大きさのバランス、色、背景等から一般消費者が両者を一体として認識できるよう表示することが求められる。また、打消し表示の文脈において、強調表示との関係性がよく理解できるように、その表現振りにも工夫することも求められる。

【事例解説】

■関連する情報が一体として認識できるように表示されていない場合

【図表8】 「熟睡マットレスお試し価格でご提供10,000円」との強調表示、「特別お試しセット」の表示に関する領域及び「●お試し価格での購入には、特別お試しセットの申込みが条件となります。」との打消し表示

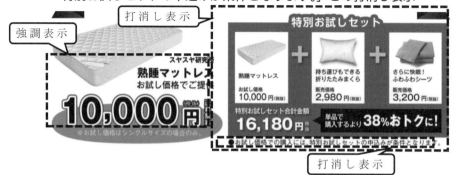

- 視線調査では、視線調査の表示例②において、強調表示に注意を向けていた可能性が高い者（9人）のうち、「特別お試しセット」の表示に関する領域に表示された打消し表示の内容を認識していた者は2人だった（7人は打消し表示の内容を認識していなかった。）。
- 当該打消し表示は、マットレスの割引の適用を受けるためには、枕及びシーツが付いた「特別お試しセット」を購入することが条件であるという趣旨の表示であったが、強調表示と関連する情報を一体として認識できるように表示されていなかったことが考えられる。

【図表9】 打消し表示の内容を認識していなかった者のゲイズプロットの例

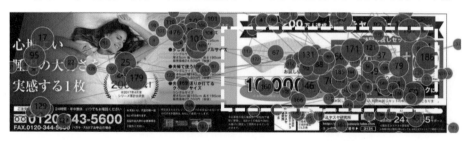

2　打消し表示の表示方法について

○　上記ゲイズプロットの解説
　強調表示、「特別お試しセット合計金額 16,180 円」との表示及び「単品で購入するより 38％おトクに」との表示に長く視線が停留しているが、それらの表示の内容を関連付けて理解できていなかったことが考えられる。

■打消し表示が強調表示に隣接した箇所に表示されている場合であって、強調表示と打消し表示が一体として認識できるように表示されていないおそれのあるとき

【図表 10】　「今、入会をお申込みいただいた方には、もれなく国産オリーブオイル『淡路島オリーブオイル』をプレゼント!!」との強調表示及び「過去に弊社のサイトで注文いただいた方や、お試しコースをご注文いただいた方は、国産オリーブオイルの特典が付きません。」との打消し表示

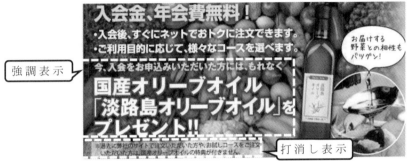

・ 視線調査では、視線調査の表示例③において、強調表示が「印象に残った」と回答した者（10 人）のうち、野菜等の写真を背景に、小さな文字で表示された打消し表示の内容を認識していた者は 2 人だった（8 人は打消し表示の内容を認識していなかった。）。
・ 強調表示が大きな文字で注意を引き付けるように表示されているのに対し、強調表示に隣接した箇所にある打消し表示が強調表示に比べて著しく小さな文字で表示されており、かつ、カラー写真の背景と文字との区別がつきにくかったため、強調表示に注意を向けた者であっても、強調表示と打消し表示を一体として認識できなかった可能性があると考えられる。

【図表 11】　打消し表示の内容を認識していなかった者のゲイズプロットの例

○ 上記ゲイズプロットの解説
　強調表示やイメージ画像に長く視線が停留しているが、強調表示に隣接した箇所に表示された打消し表示には視線が停留していない。

■強調表示と打消し表示が一体として認識できるように表示されている場合
【図表12】 「30包通常価格　1箱9,000円→4,800円」との強調表示及び「初めてご購入の方に限り1箱で」との打消し表示

・ 視線調査では、紙面広告の表示例①において、「30包通常価格　1箱9,000円→4,800円」との強調表示に注意を向けていた可能性の高い者（3人）は、全ての者が打消し表示の内容を認識していた。
・ 強調表示に隣接した箇所に、強調表示と同程度の文字の大きさで当該打消し表示が表示されていたため、当該強調表示に注意を向けた者が、同様に文字や表現の特徴に基づいて当該打消し表示にも注意を向けた可能性があると考えられる。

【図表13】　打消し表示の内容を認識していた者のゲイズプロット

○ 上記ゲイズプロットの解説
　強調表示及び打消し表示に長く視線が停留している。

ウ　動画広告において問題となる表示方法

　動画広告は①表示されている時間が限られる、②文字以外の音声等の要素にも視聴者の注意が引き付けられる、③画面が切り替わるたびに新しい情報が提示される、④映像と音

声の組み合わせにより、視聴者に強い印象を残す、⑤情報が次々と映し出されては消え、手元に表示が残らない等の特徴がある。

したがって、動画広告については、打消し表示の内容が一般消費者に正しく認識されるためには、前記(1)に記載している要素と共に、以下に記載している要素についてもそれぞれ留意する必要がある。

(ア) **打消し表示が含まれる画面の表示時間**

打消し表示の実態調査の結果を踏まえると、打消し表示が含まれる画面の表示時間は、一般消費者が特に動画広告において打消し表示を読まない大きな理由の1つであると考えられる。

たとえ、静止画の場合には一般消費者が打消し表示に気付くことができるように打消し表示が表示されていたとしても、打消し表示が含まれる画面の表示時間が短い場合、一般消費者が打消し表示に気付かなかったり、打消し表示に気付いたとしても、表示時間内に打消し表示の内容を読み終えることができないことがある。

実際に一般消費者が動画広告を視聴する状況においては、画面の外にも注意を向けている状態で動画広告を視聴する場合があったり、画面に表示された文字を読むのが面倒だと感じる者もいるなど、一般消費者は打消し表示の文言を常に注視しているとはいえないと考えられる。このことから、たとえ、打消し表示を注視した際には打消し表示が表示されている時間内に読み終えることができたとしても、実際に一般消費者が動画広告を視聴する状況において打消し表示を読み終えることができないような場合、打消し表示の内容を一般消費者が正しく認識できないと考えられる。

打消し表示が含まれる画面の表示時間が適切であるか否かを判断する際は、(i)打消し表示が含まれる画面の表示されている時間がどれ位かという点に加えて、(ii)当該画面内に含まれている強調表示や打消し表示の文字数等も勘案される。

そのため、例えば、(i)打消し表示が含まれる画面の表示されている時間が短く、強調表示を読んでいるだけで画面が切り替わってしまうような場合（すなわち、打消し表示を読む時間が全くない場合）や、(ii)強調表示と打消し表示の文字量が多く、打消し表示を読んでいる途中で画面が切り替わってしまうような場合（すなわち、打消し表示の表示されている時間内に打消し表示を読み終えることができない場合）、打消し表示の内容を一般消費者が正しく認識できないと考えられる。こうした表示方法により、商品・サービスの内容や取引条件について実際のもの等よりも著しく優良又は有利であると一般消費者に誤認されるときは、景品表示法上問題となるおそれがある。

第3章　打消し表示に関する表示方法及び表示内容に関する留意点（実態調査報告書のまとめ）

【事例解説】

【図表14】 動画開始後11秒～13秒に表示される画面の「ABCMOBiLEポイント5万円分プレゼント」との強調表示及び「※スマホ超割に加入する必要があります。」との打消し表示

- 打消し表示の実態調査では、打消し表示の実態調査の表示例④において強調表示に気付いた者のうち、92.5％の者が打消し表示を見落としていた。
- 打消し表示の「読みにくさを感じた点」について、上記の打消し表示を見落とした回答者（319人）のうち、42.9％（137人）が「表示されている時間が短い」と感じると回答していた。

(イ)　**強調表示と打消し表示が別の画面に表示されるか**

　動画広告において、打消し表示が強調表示とは別の画面に表示されている場合、一般消費者が打消し表示に気付かなかったり、打消し表示に気付いたとしても、当該打消し表示が、別の画面に表示された強調表示に対する打消し表示であると認識できないときがあると考えられる。

　そのため、例えば、強調表示が表示された後、画面が切り替わって、直後の画面に打消し表示が表示されており、一般消費者が打消し表示に気付かなかったり、打消し表示に気付いたとしても、当該打消し表示が、別の画面に表示された強調表示に対する打消し表示であると認識できないような場合、打消し表示の内容を一般消費者が正しく認識できないと考えられる。こうした表示方法により、商品・サービスの内容や取引条件について実際のもの等よりも著しく優良又は有利であると一般消費者に誤認されるときは、景品表示法上問題となるおそれがある。

2　打消し表示の表示方法について

【事例解説】

【図表15】【左】動画開始後31秒〜51秒に表示される画面の「PC特別セット5,480円」との強調表示、【右】動画開始後56秒〜61秒に表示される画面の「※別途、端末代金が必要となります」、「※契約事務手数料は初回請求時にかかります」との打消し表示

強調表示

打消し表示

- 視線調査では、被験者15人のうち、全員が「PC特別セット5,480円」との強調表示の内容を認識していたが、「※別途、端末代金が必要となります」、「※契約事務手数料は初回請求時にかかります」との打消し表示の内容を認識していた者は1人もいなかった。
- 上記の打消し表示の内容を認識していなかった者のうち、打消し表示に視線が停留していなかった者がいた一方、一定時間打消し表示に視線が停留していた者もいた。
- 打消し表示に一定時間視線が停留したものの、打消し表示の内容を認識していなかった者からは、インタビュー調査において、打消し表示を見たものの、別の画面に表示された強調表示（セット商品の価格が5,480円である旨の強調表示）と打消し表示との対応関係が分からなかったとの意見も聞かれた。

【図表16】　打消し表示に一定時間視線が停留したものの、別の画面に表示された強調表示と打消し表示との対応関係を認識できなかった者のゲイズプロットの例

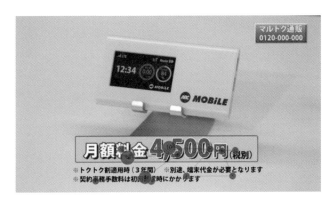

第3章　打消し表示に関する表示方法及び表示内容に関する留意点（実態調査報告書のまとめ）

> ○　上記ゲイズプロットの解説
> 　打消し表示に視線が停留しているが、別の画面に表示された強調表示と打消し表示との対応関係を理解できなかったため、打消し表示の内容を認識することができなかったものと考えられる。

(ウ)　**音声等による表示の方法**

　動画広告における情報伝達の手段として、音声は重要な役割を果たしている。強調表示が音声により強調されている一方、打消し表示が音声により表示されていない場合、一般消費者は、音声により強調された表示に注意が向き、打消し表示に注意が向かないと考えられる。

　そのため、例えば、文字と音声の両方で表示された強調表示に一般消費者の注意が向けられ、文字のみで表示された打消し表示に一般消費者の注意が向かないような場合、打消し表示の内容を一般消費者が正しく認識できないと考えられる。こうした表示方法により、商品・サービスの内容や取引条件について実際のもの等よりも著しく優良又は有利であると一般消費者に誤認されるときは、景品表示法上問題となるおそれがある。

　また、動画広告では、画面に現れた人物等の部分に一般消費者の注意が向けられ、同一画面内に表示された打消し表示に一般消費者の注意が向かない場合があると考えられる。

　そのため、例えば、打消し表示と同一画面内に表示された人物等の部分に一般消費者の注意が向けられ、打消し表示に注意が向かないような場合、打消し表示の内容を一般消費者が正しく認識できないと考えられる。こうした表示方法により、商品・サービスの内容や取引条件について実際のもの等よりも著しく優良又は有利であると一般消費者に誤認されるときは、景品表示法上問題となるおそれがある。

2 打消し表示の表示方法について

【事例解説】

■文字と音声の両方で表示された強調表示に一般消費者の注意が向けられ、文字のみで表示された打消し表示に一般消費者の注意が向かないような場合

【図表17】 動画開始後11秒～13秒に表示される画面の「ABCMOBiLE ポイント5万円分プレゼント」との強調表示及び「※スマホ超割に加入する必要があります。」との打消し表示

- 打消し表示の実態調査では、打消し表示の実態調査の表示例④において強調表示に気付いた者のうち、92.5％の者が打消し表示を見落としていた。
- グループインタビュー調査では、打消し表示の実態調査の表示例④について、打消し表示に気付かなかった者から、(i)動画中でナレーションが流れた文字にしか目がいかなかった、(ii)打消し表示の文字も音声で流さないと気付かないとの意見が聞かれた。

【図表18】 打消し表示に視線が停留しなかった者のゲイズプロットの例

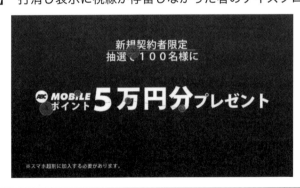

○ 上記ゲイズプロットの解説
　文字と音声の両方で表示された強調表示には視線が停留しているが、文字のみで表示された打消し表示には視線が停留していない。

第 3 章 打消し表示に関する表示方法及び表示内容に関する留意点（実態調査報告書のまとめ）

■画面に現れた人物等の部分に一般消費者の注意が向けられ、同一画面内に表示された打消し表示に一般消費者の注意が向かないような場合

【図表 19】 動画開始後 13 秒～15 秒に表示される画面の「※ 20,000 円以上の商品に限ります。詳しくは店頭で。」との打消し表示

- 打消し表示の実態調査では、打消し表示の実態調査の表示例⑤において強調表示（別の画面に表示された「4 割引きセール !!」との強調表示）に気付いた者のうち、79.8％の者が打消し表示を見落としていた。
- グループインタビュー調査では、打消し表示の実態調査の表示例⑤について、打消し表示に気付かなかった者から、(ⅰ)画面に登場した女性の手の方に目がいったため、同じ画面内の打消し表示の文字に目がいかなかった、(ⅱ)画面に表示されたブランドのロゴを見ていて、打消し表示に気付かなかったとの意見が聞かれた。

【図表 20】 打消し表示に視線が停留しなかった者のゲイズプロットの例

○ 上記ゲイズプロットの解説
音声を発している人物の顔と、手を差し出したところにある文字との間をなぞるように視線が移動している一方、文字のみの表示である打消し表示には視線が停留していない。

2　打消し表示の表示方法について

(ェ)　複数の場面で内容の異なる複数の強調表示と打消し表示が登場するか

　動画広告において、同一画面に強調表示と打消し表示が表示されており、当該画面が表示されている時間内に打消し表示を認識できる場合であっても、複数の場面で内容の異なる複数の強調表示と打消し表示が登場するときは、動画中の情報量が多いために1回見るだけでは全ての打消し表示の内容を一般消費者が正しく認識できないと考えられる。このような場合として、例えば、一般消費者が動画広告の最初の方に表示された打消し表示に気付いたが、動画中の情報量が多いために、動画広告の途中で打消し表示の内容を忘れてしまうような場合や、あるいは、動画広告の最初の方に表示された打消し表示の内容について考えているうちに、後に表示された打消し表示に注意が向かないような場合が考えられる。こうした表示方法により、商品・サービスの内容や取引条件について実際のもの等よりも著しく優良又は有利であると一般消費者に誤認されるときは、景品表示法上問題となるおそれがある。

　動画広告の複数の場面で内容の異なる複数の強調表示と打消し表示が登場する場合、全ての打消し表示の内容を一般消費者が正しく認識できるか否かを判断する際は、一つ一つの打消し表示の表示されている時間や表示の方法、強調表示と打消し表示が同一画面に表示されているか否かという点に加えて、打消し表示が動画広告に登場する回数や、強調表示や打消し表示についての文字や音声等の情報量等も勘案される。

【事例解説】

【図表21】　動画開始後26秒～31秒に表示される画面、動画開始後51秒～56秒に表示される画面及び動画開始後57秒～62秒に表示される画面における打消し表示

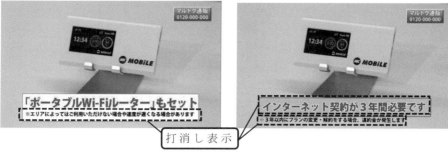

第 3 章　打消し表示に関する表示方法及び表示内容に関する留意点（実態調査報告書のまとめ）

- 打消し表示の実態調査では、表示例の動画中に現れた計 6 つの打消し表示について、回答者 1,000 人のうち、全ての打消し表示に気付いた者は 2.4%（24 人）にとどまり、97.6%（976 人）の回答者が 6 つの打消し表示のうち、少なくとも 1 つの打消し表示を見落としていた。また、91.3%（913 人）の回答者は 6 つの打消し表示のうち、半数以上の打消し表示を見落としていた（4 つ以上の打消し表示に気付いた者は、8.7%（87 人）であった。）。
- グループインタビュー調査では、動画中の打消し表示の内容を認識できなかったことと関連し、1 つの広告内に大量の情報が存在し、1 回見るだけでは全ての内容を把握できないとの意見が聞かれた。

(オ)　視線調査を踏まえた短時間の動画広告における留意点

　動画広告を視聴する一般消費者は、次々と切り替わる文字、音声、画像等のうち、限られた時間の中で注意を向けた表示の内容を認識する。画面が表示された時間に一般消費者が認識できる情報の量には制約があり、さらに、注意を引き付ける表示は強い印象を残す一方、他の表示はすぐに消えて印象に残らない。

　打消し表示の実態調査の報告書では、動画広告において、前記(ア)～(エ)のように打消し表示を表示することにより、商品・サービスの内容や取引条件について実際のもの等よりも著しく優良又は有利であると一般消費者に誤認されるときは、景品表示法上問題となるおそれがあるとの考え方を示している。

　視線調査では、短時間の表示画面において、文字と音声が同じ内容を表示している場合、文字と音声が別の内容を表示しているときと比べて、表示の内容が認識されやすい傾向がみられた。

　また、この場合であっても注意を引き付ける商品画像等が表示されているときは、音声が流れる間に画像の方に視線が停留し、文字の表示の内容を認識できない可能性があることが示された。

　これらの結果及び打消し表示の実態調査で示した考え方を踏まえ、動画広告に関する景品表示法上の考え方を改めて整理すると、一般消費者の注意を引き付けるような画像、音声、その他目立つ表示と共に、商品・サービスの選択にとって重要な内容の打消し表示が表示されており、画面の表示されている時間内に、当該打消し表示に一般消費者の注意が向かないような場合は、景品表示法上問題となるおそれがある。

　動画広告において、商品・サービスの選択にとって重要な内容を表示する場合には、例えば、文字と音声で同じ内容を表示するとともに、当該表示の内容だけに一般消費者が注意を向けられるように、他の情報を同一画面に含めないようにすることが求められる。

　このことを踏まえた上で、複数の情報を画面に表示する際に留意すべきことについて、表示画面の類型に即して整理すると、以下のとおりである。

　　a　複数の文字の表示がある場合

　視線調査結果によると、複数の文字情報がある画面において、①文字と音声の表示は注

2 打消し表示の表示方法について

意を引き付けやすいのに対し、文字のみの表示は注意が向きにくい傾向がみられる[3]。また、②文字が大きいなど目立つように表示された文字の表示は注意を引き付けやすいのに対し、それと比べて小さな文字で目立たないように画面の隅などに表示された文字の表示は注意が向きにくい傾向がみられる[4]。

　これらの注意が向きにくい文字の表示に視線が停留するまでに時間がかかる場合、画面に表示されている残りの時間で、一般消費者が当該表示の内容を認識できないおそれがあることに留意する必要がある。

○　求められる表示方法に向けて
　複数の文字情報がある画面において、一部の文字の内容が、音声で流れたり、大きな目立つ文字で強調されていたりする場合であって、他の文字の内容に商品・サービスの選択にとって重要な内容が含まれるときは、その内容を音声も用いて表示することや、強調された文字に隣接した箇所に、同程度の文字の大きさでその内容も表示することを検討すべきである。

【事例解説】
【図表22】　動画開始後11秒～13秒に表示される画面の文字と音声の表示
　　　　　　（「ABCMOBiLEポイント5万円分プレゼント」との強調表示）及び文字のみの表示（「※スマホ超割に加入する必要があります。」との打消し表示）

---

3) この点について、認知心理学の観点から、作業記憶の内容に一致したものが視覚呈示されると、そこに注意が自動的に向けられてしまうということがいわれている。このことから、音声によって文字の内容を認識していた者は、同じ内容が表示された画面の文字に注意を引き付けられることがいえる。
4) この点について、認知心理学の観点から、一般的に大きな文字等目立つ文字から先に注意が向けられ、読まれやすいことがいわれている（大局優位効果）。

- 視線調査では、被験者17人のうち、16人が目立つ文字の大きさで表示された「文字と音声の表示」（強調表示）の内容を認識していた。
  目立たないように表示された「文字のみの表示」（打消し表示）の内容を認識していた者は1人もいなかった。
- 文字の内容が音声で流れる表示には視線が停留する一方、「文字のみの表示」について15人は視線が停留していなかった。
  「文字のみの表示」に視線が停留した者も、画面が切り替わってから当該表示に視線が停留するまでに1.8秒程度かかっていた。残りの表示時間（0.2秒程度）に打消し表示を読んで内容を認識することは困難であったと考えられる。

【図表23】　「文字のみの表示」に視線が停留した者のゲイズプロットの例

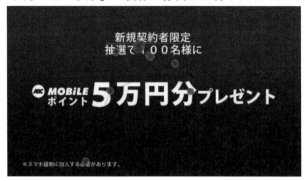

○　上記ゲイズプロットの解説
　画面が切り替わった時点から、他の表示に視線が停留しており、打消し表示に視線が停留するまでに、1.8秒かかっていた。

b　画像を表示する場合

　商品・サービスの選択に重要な表示する際に、当該表示の他に長時間視線が停留するような画像等を配置することは当該表示の内容の認識を妨げる可能性があることに留意する必要がある。
　このことを踏まえた上で、画面に画像を表示する場合に、(a)文字の内容を音声でも流すとき、(b)文字の内容とは異なる内容を音声で流すとき、(c)複数の文字情報のうち、一部の文字の内容を音声で流すときについて、それぞれ以下の点に留意する必要がある。

(a)　文字の表示の内容を音声でも流すとき

　視線調査結果によると、画像と文字が含まれた画面において、文字の内容が音声で流れる場合、音声によって画面の文字に注意を引き付けられることで、音声が流れている間、文字と音声の表示に注意が向くことで、文字と音声の当該表示の内容が認識される傾向がみられる。

2 打消し表示の表示方法について

　この場合であっても、画面に注意を引き付ける文字ではなく商品等の画像に注意が向くことで、文字と音声の表示の内容が認識されないことがある。この場合、文字ではなく画像に視線が停留していたとしても、音声から当該表示の内容を認識する可能性があるが、視線調査では、音声が流れている間、文字の方に注意を向けていた可能性が高い者が、より当該表示の内容を認識している傾向がみられた。

○　求められる表示方法

　このことからすれば、商品・サービスの選択にとって重要な文字の内容を音声で流す場合であっても、注意を引き付けるような画像を同一画面に表示するときは、文字の方にも注意が向くように、目立つ文字の大きさや色で表示すべきである。

【事例解説】

【図表24】 動画開始後10秒～13秒に表示される画面の「文字と音声の表示」
（「4割引セール」との強調表示）

- 視線調査では、被験者15人のうち11人が「文字と音声の表示」（「4割引きセール」との強調表示）の内容を認識していた。これらの者は、「今なら4割引き」との音声が流れる時間（1.0秒間）よりも長く「就活スーツ3月31日まで4割引きセール!!」との文字に視線が停留しており、音声が流れている間、文字と音声の表示に注意が向けていた可能性が高いと考えられる。
- 「文字と音声の表示」の内容を認識していなかった者（4人）は、上記の者と比べて、商品画像に長く視線が停留していた。

【図表25】　「文字と音声の表示」の内容を認識した者のゲイズプロットの例

第3章 打消し表示に関する表示方法及び表示内容に関する留意点（実態調査報告書のまとめ）

> ○ 上記ゲイズプロットの解説
> 「今なら4割引き」との音声が流れ出してから、すぐに画面右にある文字の領域に視線が移動し、一定時間文字の領域に視線が停留していた。

(b) 文字の内容とは異なる内容を音声で流すとき

視線調査結果によると、画像と文字が含まれた画面において、当該文字の内容とは異なる内容が音声で流れる場合、画像や音声の方に注意が引き付けられることによって、当該文字のみの表示の内容が認識されない可能性があると考えられる。

視線調査では、文字のみの表示が、一般消費者にとって気付くことができる程度の文字の大きさであったが、画面の中央に目立つように表示された印象の強い商品画像に注意が引き付けられ、当該文字に視線が停留しなかったり、視線停留時間が短かったりして、当該文字の内容を相当数の者が認識していなかった。

この他に、文字に一定時間視線が停留していたにもかかわらず、当該文字の内容を認識していない場合もみられたが、この場合、当該文字の内容とは異なる内容の音声に注意が引き付けられ、当該文字の内容を認識できなかった可能性があることも想定される。

○ 求められる表示方法

これらのことから、画像と文字が含まれた画面において、当該文字の内容とは異なる内容が音声で流れる場合、文字の内容に商品・サービスの選択にとって重要な内容が含まれるときは、一般消費者が文字に気付くことができるように表示するだけでなく、他の音声や画像に注意が引き付けられることによって、当該文字に注意が向かないことがないように、重要な文字の内容は音声も用いて表示すべきである。

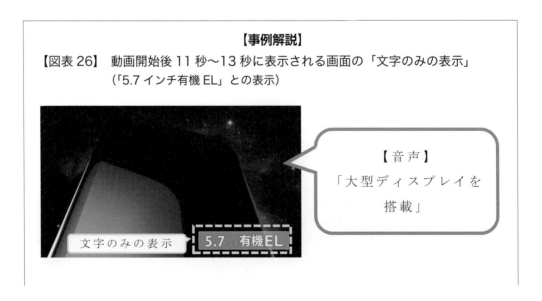

【事例解説】
【図表26】 動画開始後11秒～13秒に表示される画面の「文字のみの表示」
（「5.7インチ有機EL」との表示）

- 視線調査では、被験者17人のうち、5人が「文字のみの表示」（「5.7インチ有機EL」との表示）の内容を認識していたが、12人の者は当該表示の内容を認識していなかった。
- 画像と文字の表示の含まれた画面で、文字の表示の内容とは異なる内容が音声で表示されている場合、画像だけでなく音声の方にも注意を引きつけられ、文字の表示の内容が認識されないことがある。

【図表27】 文字のみの表示（「5.7インチ有機EL」との表示）に視線が停留しなかったため、文字の内容を認識していなかった者のゲイズプロット

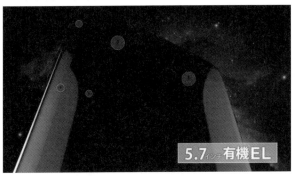

○ 上記ゲイズプロットの解説
　文字のみで「5.7インチ有機EL」と表示される一方、当該文字の内容とは異なる「大型ディスプレイを搭載」との音声が流れる上記画面において、液晶ディスプレイのイメージ画像に長い時間視線が停留することにより、文字のみの表示である「5.7インチ有機EL」との表示には視線が停留していなかった。文字の領域に視線が移動し、一定時間文字の領域に視線が停留していた。

(c) 複数の文字情報がある画面で、一部の内容を音声で流すとき

　視線調査結果によると、複数の文字情報がある画面において、文字と音声の表示は、文字のみの表示と比べて注意を引き付けやすい傾向がみられる。

　また、前記(b)「文字の内容とは異なる内容を音声で流すとき」の画面についていえるように、文字の表示の内容が一般消費者に認識されるためには、当該文字に気付くことができるように表示するだけでなく、他の音声や画像によって当該文字の印象が薄れることがないように留意すべきである。

　視線調査では、複数の文字情報がある画面において、一部の文字の内容だけが音声で流れて、さらに注意を引き付ける画像が表示されている場合、文字と音声の表示の内容は認識する者がいたのに対し、文字のみの表示には視線が停留しなかったり、視線停留時間が短かったりして、ほとんどの者が文字のみの表示の内容を認識していなかった。さらに、この場合、複数の文字情報が同じ文字の大きさで表示されているときであっても、文字の

第3章　打消し表示に関する表示方法及び表示内容に関する留意点（実態調査報告書のまとめ）

みの表示の内容は1人も認識していなかった。

これらのことからすれば、複数の文字情報がある画面において、一部の文字の内容だけが音声で流れて、さらに注意を引き付ける画像が表示されている場合、一般消費者が文字のみの表示の内容を認識できないおそれがあることに留意する必要がある。

○　求められる表示方法に向けて

複数の文字情報がある画面において、一部の文字の内容だけが音声で流れて、さらに注意を引き付ける画像が表示されている場合、文字の内容に商品・サービスの選択にとって重要な内容が含まれるときは、その内容を音声も用いて表示することを検討すべきである。

【事例解説】

【図表28】　動画開始後13秒～15秒に表示される画面の「文字と音声の表示」（「ABC SUIT」との表示）及び「文字のみの表示」（「※20,000円以上の商品に限ります。詳しくは店頭で。」との打消し表示）

- 視線調査では、被験者15人のうち、14人が「文字のみの表示」（打消し表示）の内容を認識していなかった。
- 人物に最も長く視線が停留しており、「文字と音声の表示」にも視線が停留する一方、「文字のみの表示」について10人は視線が停留していなかった

【図表29】　ゲイズプロットの例

○　上記ゲイズプロットの解説
　音声を発している人物の顔と、手を差し出したところにある文字との間をなぞるように視線が移動しており、人物の動作や音声によって画面の特定の箇所や文字に注意が引き付けられた可能性が高いと考えられる。

(カ)　**視線調査を踏まえた長時間の動画広告における留意点**

　視線調査では、長時間の動画広告においても、短時間の動画広告と同様に、文字と音声が同じ内容を表示している場合、表示の内容が認識されやすいことや、注意を引き付ける画像等が表示の認識を妨げるときがあることが示された。

　ただし、画面が切り替わるたびに次々と情報が表示され、手元に表示が残らない長時間の動画広告では、表示される情報の量が多くなると、①別の画面の表示内容に注意が引き付けられ、その時点で見ている画面の表示内容に注意が向かないことや、②様々な情報を関連付けて理解することが困難になることがある。

　また、たとえ、画面に表示されている時間に、当該画面の表示の内容を認識できたとしても、複数の画面に様々な条件が次々と表示されることによって、画面を見ている間に認識していた内容に関する記憶が失われてしまうことがある。

　この点について、視線調査では、文字の表示と同じ内容が音声で表示されている場合、当該文字の表示の内容が音声だけでなく人物の動きによっても強調されているときや、画面の表示されている時間が長く、文字と音声で表示された内容以外の情報が画面に表示されていないときは、より表示の内容が記憶に残りやすかった可能性があると考えられる。

【事例解説】

■文字と音声の表示及び画像がある場合

【図表30】　動画開始後16秒～26秒に表示される画面

【音声】
「このプリンターと、ポータブルWi-Fiルーターまでお付けしちゃいます。」

第3章 打消し表示に関する表示方法及び表示内容に関する留意点（実態調査報告書のまとめ）

- 視線調査では、被験者16人のうち15人が、セット内容にプリンターが含まれる旨の文字と音声の表示の内容を認識していた。
- 音声を発している人物の顔や画面左の女性の手を出している箇所に視線が長く停留しており、人物の動作等によって特定の箇所に注意が引き付けられていたことが考えられる。

（ゲイズプロットの例）

○ 上記ゲイズプロットの解説
「このプリンターと、ポータブルWi-Fiルーターまでお付けしちゃいます！」との音声及びそれぞれの商品を指し示す人物の動きによって、注意の向く箇所が移動していたことを示すように、右下の「プリンターをセット」との文字及びプリンターの商品画像に視線が停留し、その後、視線が画面の左に移動し、ポータブルWi-Fiルーターの商品画像に視線が停留していた。

■文字のみの表示、文字と音声の表示及び画像がある場合
【51秒から56秒に表示される画面】

【音声】
「インターネットを楽しむためにはABCモバイルとの3年間契約が必要になります。」

- 視線調査では、被験者15人のうち、5人が3年間のインターネット契約を結ぶ必要がある旨の文字と音声の表示の内容を認識していたが、10人は当該表示の

内容を認識していなかった。
- 視線調査では、例えば、①動画広告ではなく、自分のペースで何度も閲覧できる媒体であれば、認識できたと思う、②動画の途中ではなく、商品の紹介が終わった後、最後にまとめて条件を説明して欲しいといった意見が聞かれた。
- 文字に一定の注意を向けていたにもかかわらず、長時間の動画広告において様々な条件が次々と表示されるため、打消し表示の内容についての記憶が失われてしまった可能性があると考えられる。

【図表31】 商品画像及び音声が流れる時間よりも長く打消し表示の文字に視線が停留したにもかかわらず、文字の内容を認識できなかった者（5人）のゲイズプロットの例

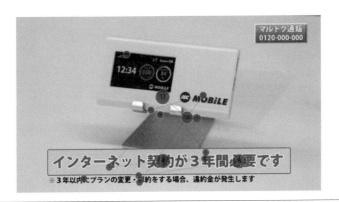

○ 上記ゲイズプロットの解説
　音声が流れ出してから画面の文字に視線が停留した後、他の箇所に移動するまでに長く文字に視線が停留していた。

エ　Web広告（PC）において問題となる表示方法

Web広告は①スクロールしないと画面全体を確認できない場合がある、②情報を読む際に時間制限がない、③提供できる文字数に制限がない等の特徴がある。

このうち、画面のスクロールについては、打消し表示の実態調査において、スクロールが必要な場所に表示された打消し表示は、同一画面内に表示された打消し表示よりも、一般消費者が見ない（読まない）傾向がみられた。

打消し表示が、強調表示が表示されている位置からスクロールが必要な場所に表示されている場合、一般消費者が打消し表示に気付かなかったり、打消し表示に気付いたとしても、当該打消し表示が、別の画面に表示された強調表示に対する打消し表示であると認識できないときがあると考えられる。

1スクロール以上離れた場所に表示された打消し表示を一般消費者が認識できるか否か

第3章 打消し表示に関する表示方法及び表示内容に関する留意点（実態調査報告書のまとめ）

を判断する際は、(i)強調表示の前後の文脈や強調表示の近くにある記号等から一般消費者が打消し表示の存在を連想するか否かという点に加えて、(ii)どの程度スクロールする必要があるのかという点等も勘案される[5]。

そのため、例えば、強調表示が表示されている位置から1スクロール下に打消し表示が表示されており、一般消費者が打消し表示に気付かなかったり、打消し表示に気付いたとしても、当該打消し表示が、別の画面に表示された強調表示に対する打消し表示であると認識できないような場合、打消し表示の内容を一般消費者が正しく認識できないと考えられる。こうした表示方法により、商品・サービスの内容や取引条件について実際のもの等よりも著しく優良又は有利であると一般消費者に誤認されるときは、景品表示法上問題となるおそれがある。

【事例解説】

【図表32】 「応募できる方は、キャンペーン期間中、新たに『たよれる医療保険サポートメディ』にご契約の上、ご契約者様向けサービス『MYページ』に登録した方に限ります。」との打消し表示

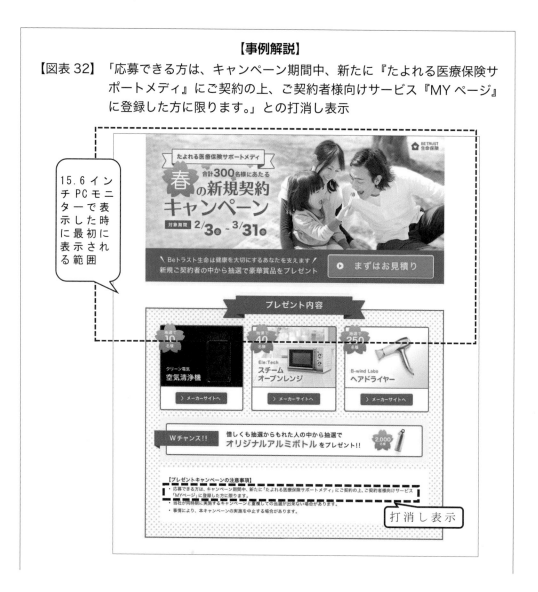

- 打消し表示の実態調査では、打消し表示の実態調査の表示例③について、強調表示（「新規ご契約者の中から抽選で豪華賞品をプレゼント」）に気付いた回答者（310人）のうち、67.7％（210人）の回答者が打消し表示（「・応募できる方は、キャンペーン期間中、新たに『たよれる医療保険サポートメディ』にご契約の上、ご契約者様向けサービス『MYページ』に登録した方に限ります。」）を見落としていた（打消し表示に気付いた者は、32.3％（100人）であった。）。
- また、強調表示には気付いたが、打消し表示には気付かなかった回答者（210人）のうち、40.5％（85人）が「画面を下に移動させる必要があり、文字の存在に気づきにくい」と感じると回答していた。

オ　Web広告（スマートフォン）において問題となる表示方法

スマートフォンはPC等と比べて画面のサイズが小さいため、①Webページの表示内容全体を見るために、最初の画面から下に何画面分もスクロールする必要がある縦に長いページの構成になっていたり、②ハイパーリンクを用いてリンク先に情報が表示されたり、③一般消費者が画面をタップした際に表示されるアコーディオンパネルに情報が表示されたりするといった特徴がみられる。

また、スマートフォンの表示に対する一般消費者の接し方として、(i)自身の関心のある情報だけを拾い読みする傾向がある、(ii)大きな文字や画像等の目立つ表示に注意が引き付けられる、(iii)Webページの下にスクロールした場所にある表示を見落としやすい、(iv)情報を拾い読みする際、その時点で見ている画面からスクロールして、離れた別の画面の表示内容を確認しないときがある、(v)関心のある表示を見つけると、その部分だけを見てハイパーリンクの文字列をタップし、リンク先からリンク元に戻って表示内容を確認しないときがあるといった特徴がみられる。

一般消費者がWebページをスクロールしながら表示に接する際は、認知心理学の観点から、画面に次々と表示される異なる内容の情報を読んで解釈することによって、作業記憶が失われることがあるといわれており、スクロールしている間に他の表示に注意が引き付けられるときは、その時点で見ている画面の表示内容と、離れた別の画面の表示内容との関連性を認識できずに、離れた別の画面までスクロールして戻ることも困難になる。

以上のスマートフォンの特徴を踏まえると、景品表示法上の考え方に加えて、一般消費者が適切に強調表示と打消し表示の両方を認識できるようにするために求められる表示方法を示す必要があると考えられることから、以下のとおり整理した。

(7)　アコーディオンパネルに打消し表示が表示されているか

スマートフォンのWebページ上でアコーディオンパネルに打消し表示が表示されてお

---

5) Web広告の打消し表示の内容を一般消費者が正しく認識できるか否かを判断するに当たっては、当該Web広告の構成（強調表示を見た一般消費者が打消し表示の場所まで誘導されるような工夫がなされているか）についても、勘案されると考えられる。

第3章 打消し表示に関する表示方法及び表示内容に関する留意点（実態調査報告書のまとめ）

り、初期状態では打消し表示が画面に表示されていない場合、一般消費者は打消し表示が表示されているアコーディオンパネルのラベルをタップしなければ、打消し表示の内容を認識できない。アコーディオンパネルに打消し表示を表示する場合、ラベルの表示を見た一般消費者がアコーディオンパネルに重要な情報が表示されていることを理解できなければ、タップする必要性を認識できずに打消し表示を見落とすおそれがある。

　そのため、例えば、打消し表示が表示されたアコーディオンパネルのラベルに抽象的な表現等が用いられている場合であって、他の表示によってもラベルをタップする必要性に気付かないものであるときは、打消し表示の内容を一般消費者が正しく認識できないと考えられる。こうした表示方法により、商品・サービスの内容や取引条件について実際のもの等よりも著しく優良又は有利であると一般消費者に誤認されるときは、景品表示法上問題となるおそれがある。

〇　求められる表示方法

　スマートフォンでは、自身の関心のある情報だけを拾い読みしやすいという特徴があり、アコーディオンパネルの表示方法を理解していても、自身の関心のある情報と認識しなければ、ラベルをタップしない者も一定数存在する。また、スマートフォンでは、離れた別の画面に表示されている情報の関連性を把握しにくくなるという特徴があることからも、通常の画面に強調表示を表示した上で、アコーディオンパネルに打消し表示を表示する際は、強調表示を見た者がすぐに重要な情報があることを認識できるように、強調表示に近接した箇所にラベルを配置するなどして、強調表示とアコーディオンパネルに表示された打消し表示とが一体として認識されるようにすることが求められる。

　また、アコーディオンパネルの表示方法について知らない者も一定数みられることからも、アコーディオンパネルに表示された打消し表示の内容を、通常の画面において強調表示に隣接した箇所に表示することや、強調表示が画面に表示された際に、打消し表示の表示されたアコーディオンパネルのラベルを一般消費者が必ずタップするように工夫することが求められる。

2　打消し表示の表示方法について

【事例解説】

【図表33】　アコーディオンパネルに記載された打消し表示

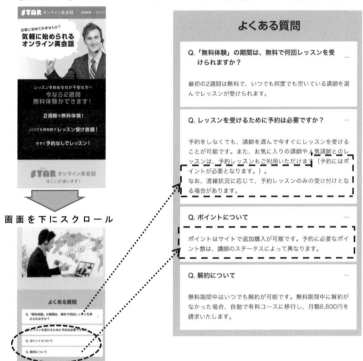

- スマートフォンにおける打消し表示の実態調査では、「今なら2週間無料体験ができます！」との強調表示に気付いた者（573人）のうち、44.9%（257人）が「いずれの項目もタップしなかった」と回答した。
- また、「今なら2週間無料体験ができます！」との強調表示に気付いた者（573人）のうち、25.3%（145人）が「一部の項目をタップした」と回答した。そして、このうちの83.4%〜93.8%がアコーディオンパネルに表示された打消し表示を見落としていた（打消し表示に気付いた者は、6.2%〜16.6%であった。）。
- 「一部の項目をタップした」者が、アコーディオンパネルに表示された打消し表示に気付いた割合は、アコーディオンパネルに表示されたその他の項目（「解約について」等の項目）の表示に気付いた割合と比べて低かった。これは、ラベルの「予約」や「ポイント」の表示を見ても、タップする必要性が認識できなかったためと考えられる。

(イ)　コンバージョンボタンの配置箇所

　スマートフォンの表示に対する一般消費者の接し方として、一般消費者が自身の関心のある情報だけを拾い読みしやすく、関心のある表示を見つけると、その部分だけを見てハイパーリンクの文字列をタップするときがあることからも、Webページ上にコンバージ

第 3 章　打消し表示に関する表示方法及び表示内容に関する留意点（実態調査報告書のまとめ）

ョンボタンが表示されている場合、一般消費者が打消し表示に注意を向けることなくコンバージョンボタンをタップし、その時点で見ている画面からリンク先に移動することにより、打消し表示を見落とすおそれがある。

　特に、コンバージョンボタンが表示された画面から下にスクロールしないと打消し表示が表示されない場合等、コンバージョンボタンから離れた別の画面に打消し表示が表示されている場合であって、別の画面に重要な情報が表示されていることを一般消費者が認識できないときは、その時点で見ている画面でコンバージョンボタンをタップし、コンバージョンボタンと離れた別の画面に表示された打消し表示を見落とすおそれがある。

　そのため、例えば、コンバージョンボタンが強調表示と同一画面に表示されているのに対し、打消し表示は強調表示から離れた別の画面に表示されている場合であって、強調表示を見てコンバージョンボタンをタップしようとした一般消費者が、他の表示によっても打消し表示に気付かないときは、打消し表示の内容を一般消費者が正しく認識できないと考えられる。こうした表示方法により、商品・サービスの内容や取引条件について実際のもの等よりも著しく優良又は有利であると一般消費者に誤認されるときは、景品表示法上問題となるおそれがある。

○　求められる表示方法

　強調表示と共にコンバージョンボタンを用いる際、例えば、強調表示を見た一般消費者が、強調表示の前後の文脈の中で打消し表示の存在を認識できるように表示することが求められる。スマートフォンでは、画面のサイズが小さいため、同一画面に強調表示と打消し表示を表示できないような場合は、例えば、画面上に強調表示が表示された時点や、強調表示の表示された画面からスクロールした時点で、一般消費者が特に操作等を行うことなく打消し表示を認識できるようにすることが有効であると考えられる。

2 打消し表示の表示方法について

【事例解説】
【図表34】 コンバージョンボタンのある表示例における「「※途中で配送を休止する場合は、定められた『毎月の配送準備日』(初回購入日を起点に、20～25日後までの期間)にお電話にてご申請下さい。」との打消し表示

- スマートフォンにおける打消し表示の実態調査では、「定期コースがお得！やめたい時にいつでもやめられます！」との強調表示に気付き、コンバージョンボタンをタップした者(76人)のうち、86.8％が「「※途中で配送を休止する場合は、定められた『毎月の配送準備日』(初回購入日を起点に、20～25日後までの期間)にお電話にてご申請下さい。」との打消し表示を見落としていた。
- 強調表示に気付いてコンバージョンボタンをタップし、「※途中で配送を休止する場合は、定められた『毎月の配送準備日』(初回購入日を起点に、20～25日後までの期間)にお電話にてご申請下さい。」との打消し表示を見落とした者のうち、16.7％が当該打消し表示について「コンバージョンボタンを押すと、自動でページの下に移動するので、注意書きや注釈の文字に気付きにくい」と回答した。

(ウ) スマートフォンにおける強調表示と打消し表示の距離

スマートフォンの表示に対する一般消費者の接し方として、スクロールしながら画面に次々と表示される情報を読む際、記憶していた情報を途中で忘れてしまうことや、他の表示に注意が引き付けられることによって、その時点で見ている画面の表示内容と、離れた

第3章　打消し表示に関する表示方法及び表示内容に関する留意点（実態調査報告書のまとめ）

別の画面の表示内容との関連性が把握できなくなることがあると考えられる。また、その時点で見ている画面の表示内容と、離れた別の画面の表示内容との関連性が把握できない場合、一般消費者は、表示されている画面からスクロールして、離れた別の画面まで戻り、当該画面に表示された内容を確認しないことがあると考えられる。

　これらのことから、たとえ、強調表示の近くに打消し表示の存在を連想させる「※」等の記号が表示されていたとしても、強調表示から離れた別の画面に打消し表示が表示されている場合であって、強調表示からスクロールしている間に他の表示に注意が引き付けられるときは、一般消費者は打消し表示に気付かなかったり、打消し表示に気付いたとしても、当該打消し表示が、離れたところに表示された強調表示に対する打消し表示であると認識できなかったりすることがあると考えられる。特に、スマートフォンの表示に対する一般消費者の接し方として、一般消費者が自身の関心のある情報だけを拾い読みするといった特徴があり、スクロールしている間に目立つ表示が表示されている場合や、目立つ表示と同一画面に打消し表示が表示されている場合には、一般消費者は打消し表示に注意が向かないときがあると考えられる。

　そのため、例えば、強調表示の近くに打消し表示の存在を連想させる「※」等の記号が表示されていたとしても、強調表示から離れた別の画面に打消し表示が表示されている場合であって、他の表示によっても打消し表示に気付かないときは、打消し表示の内容を一般消費者が正しく認識できないと考えられる。また、同様の場合において、打消し表示があることに気付くことのできる表示であったとしても、当該打消し表示が離れたところに表示された強調表示に対する打消し表示であることを、他の表示によっても認識できないときは、打消し表示の内容を一般消費者が正しく認識できないと考えられる。こうした表示方法により、商品・サービスの内容や取引条件について実際のもの等よりも著しく優良又は有利であると一般消費者に誤認されるときは、景品表示法上問題となるおそれがある。

　また、強調表示に隣接した箇所に打消し表示が表示されていたとしても、他の目立つ画像等に注意が引き付けられる場合や、打消し表示の文字の大きさ（後記(エ)）、打消し表示の文字とその背景の色や模様（後記(オ)）等が適切でない場合、他の表示によっても打消し表示に気付かないときは、景品表示法上問題となるおそれがある点に留意する必要がある。

○　求められる表示方法

　スマートフォンは最初の画面から下に何画面分もスクロールする必要がある縦に長いページの構成になっている場合があり、一般消費者が強調表示と打消し表示の両方を適切に認識できるように表示する上で、強調表示と打消し表示の距離は重要な要素となる。スマートフォンでは、その時点で見ている画面の表示内容と、離れた別の画面の表示内容との関連性が把握しにくいことからも、強調表示に隣接した箇所に打消し表示を表示することが求められる。

　また、強調表示に隣接した箇所に打消し表示を表示する際も、目立つ画像が同一画面に

表示されている場合や、打消し表示の文字が小さい場合等は、一般消費者が打消し表示の内容を認識できないときがあることからも、例えば、強調表示と同じ文脈の中で打消し表示を表示することにより、強調表示と打消し表示とが一体として認識されるようにすることが求められる。

他方、例えば、打消し表示の文字の量が多く、強調表示に隣接した箇所に打消し表示を表示できないような場合は、例えば、画面上に強調表示が表示された時点や、強調表示の表示された画面からスクロールした時点で、一般消費者が特に操作等を行うことなく打消し表示を認識できるようにすることも有効であると考えられる。

【事例解説】

【図表35】「※1『スマホ特割1Gプラン』および『スマホ特割5Gプラン』は、当社指定のスマートフォン機種をご購入いただくか機種変更をいただくことでご利用いただけます。『スマホ特割1Gプラン』および『スマホ特割5Gプラン』適用時における、ご利用開始月から12ヶ月間の料金です。13ヶ月目以降は割引の一部が適用されません。」との打消し表示、及び、「※2　一部、当社が指定する通話は通話料無料の対象外となります。」との打消し表示との打消し表示

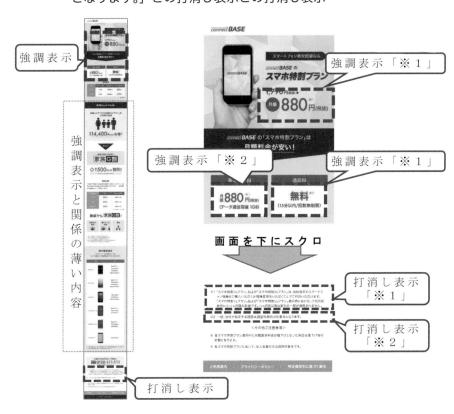

第 3 章　打消し表示に関する表示方法及び表示内容に関する留意点（実態調査報告書のまとめ）

- スマートフォンにおける打消し表示の実態調査では、強調表示に気付いた者のうち、87.1％～94.3％が Web ページ下部の打消し表示を見落としていた。
- また、強調表示に気付いたが、打消し表示を見落とした者のうち、39.6％～43.2％が「注意書きや注釈の文字が小さい」と回答し、20.8％～20.9％が「注意書きや注釈が気付きにくい場所に配置されている」と回答した。
- 視線調査におけるインタビュー調査の結果、打消し表示については、被験者 16 人のうち、1 人が「※ 1」に記載の打消し表示及び「※ 2」に記載の打消し表示の内容を認識していた。一方で、そのうち 15 人は、いずれかの打消し表示の内容を認識していなかった。

【図表 36】　最初の画面で「※」に気付いて Web ページの一番下までスクロールしたが、打消し表示の内容を認識できなかった者のゲイズプロット

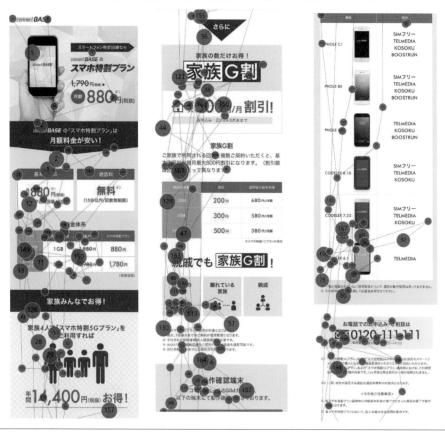

○　上記ゲイズプロットの解説

　最初の画面からスクロールするにつれて、家族割に関する表示に長く視線が停留しており、家族割に関する「※各スマホ特割プランの適用が対象となります。」、「※最大、7 回線分までのご契約が適用範囲となります。」といった注意書

きにも視線が停留していた。そして、最初の画面からWebページの一番下までスクロールした際、打消し表示に視線が停留しているが、その後、最初の画面に戻って再度強調表示に視線が停留した後も、打消し表示には再び視線が停留することがなかった。

　これらのことからすると、Webページに複数の「※」や打消し表示とは異なる内容の注意書きが表示されており、いずれの注意書きが最初の画面の「※」に対応するものであるのか分かりにくかったため、最初の画面で強調表示に近接した「※」の表示を見て、注意書きを探しながら打消し表示の箇所までスクロールしたとしても、最初の画面に表示された強調表示と打消し表示の対応関係を認識することができなかった可能性があると考えられる。

(エ) スマートフォンにおける打消し表示の文字の大きさ

　スマートフォンでは、画面に指で触れて文字を拡大させることが可能であるが、一般消費者はスクロールしながらWebページを読む際、途中で止まって文字をズームするとは限らない。そのため、例えば、一般消費者が打消し表示を見落としてしまうほど文字が小さい場合、打消し表示の内容を一般消費者が正しく認識できないと考えられる。

　また、打消し表示は、強調表示といわば「対」の関係にあることから、強調表示から一般消費者が受ける印象が強いほど、それに対する打消し表示はより明瞭に行う必要がある。強調表示と打消し表示の両方を一般消費者が認識するためには、強調表示と打消し表示のそれぞれの文字の大きさに加えて、強調表示と打消し表示の文字の色、打消し表示の配置箇所等にも留意する必要がある。

　そのため、例えば、スマートフォンで強調表示に隣接した箇所に打消し表示が表示されていたとしても、大きな文字の強調表示に注意が引き付けられる場合であって、他の表示によっても強調表示よりも小さな文字の打消し表示に気付かないときは、打消し表示の内容を一般消費者が正しく認識できないと考えられる。こうした表示方法により、商品・サービスの内容や取引条件について実際のもの等よりも著しく優良又は有利であると一般消費者に誤認されるときは、景品表示法上問題となるおそれがある。

○　求められる表示方法

　スマートフォンの表示に対する一般消費者の接し方として、一般消費者が自身の関心のある情報だけを拾い読みをする特徴があることからも、スマートフォンで打消し表示を表示する際は、同一画面にある他の表示と比べても、打消し表示がより注意を引き付ける文字の大きさにすることが求められる。

第 3 章　打消し表示に関する表示方法及び表示内容に関する留意点（実態調査報告書のまとめ）

【事例解説】

【図表 37】「※定期コースをいつでも解約できるのは初めて注文された方に限ります」との打消し表示

【強調表示】
「定期コースがお得！やめたい時にいつでもやめられます！」
文字サイズ 38 ポイント

【打消し表示】
「※定期コースをいつでも解約できるのは初めて注文された方に限ります。」
文字サイズ 22 ポイント

【ゲイズプロット】

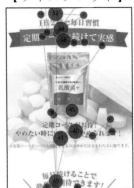

・スマートフォンにおける打消し表示の実態調査の結果、Web アンケート回答者 1,000 人のうち、強調表示に気付いた者（242 人）であっても、68.2％が打消し表示を見落としていた。

・視線調査では、強調表示には視線が停留する一方、それと比べて小さな文字の打消し表示には視線が停留しない傾向がみられた。

○　上記ゲイズプロットの解説
　打消し表示と同一画面にある商品画像や強調表示等には長く視線が停留しているが、打消し表示にはほとんど視線が停留していない。

(オ)　スマートフォンにおける打消し表示の文字や背景の色や模様

　スマートフォンにおいては、例えば、白色の背景に、対照的な黒い文字で打消し表示を行った場合であっても、小さな文字の打消し表示を見にくいと感じる者が一定数いることに注意する必要がある。

　また、画像を背景に打消し表示の文字を表示する場合、画像の背景の色彩が入り組んでいるようなときは、打消し表示の文字と背景の区別がつきにくく、一般消費者は打消し表示に気付かないおそれがある。

　さらに、たとえ、打消し表示の文字と背景の区別がつきやすいように表示されていたとしても、スマートフォンにおいては、一般消費者が自身の関心のある情報だけを拾い読みする特徴があることからも、より印象の強い色の他の表示に注意が引き付けられ、目立たない色で表示された打消し表示に注意が向かないときがある。

　そのため、例えば、打消し表示の文字の色が背景の色と対照的であったとしても、画面

2 打消し表示の表示方法について

全体の中でより印象に残る目立つ色で強調表示が表示されている場合であって、他の表示によっても目立たない色で表示された打消し表示に気付かないものであるときは、打消し表示の内容を一般消費者が正しく認識できないと考えられる。こうした表示方法により、商品・サービスの内容や取引条件について実際のもの等よりも著しく優良又は有利であると一般消費者に誤認されるときは、景品表示法上問題となるおそれがある。

○ 求められる表示方法

スマートフォンの表示に対する一般消費者の接し方として、強調表示と同じ背景色になっていたり、同じ枠内にあったりする表示内容は、強調表示に関連する情報として認識されることからも、打消し表示を表示する際は、前記(ｳ)のとおり強調表示に隣接した箇所に打消し表示を表示するとともに、例えば、強調表示と打消し表示の文字の色や背景の色を統一することにより、強調表示と打消し表示とが一体として認識できるようにすることが求められる。

【事例解説】
【図表38】「※解説DVDの特典は初回購入者に限ります」との打消し表示

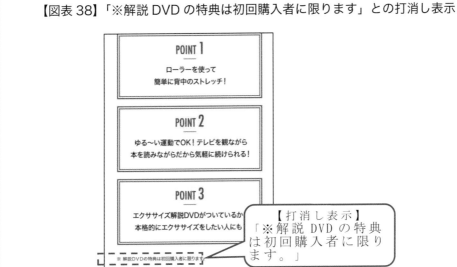

- スマートフォンにおける打消し表示の実態調査の結果、特典DVDに関する強調表示に気付いた者（485人）のうち、85.8％が「※解説DVDの特典は初回購入者に限ります。」との打消し表示を見落としていた。
- 「※解説DVDの特典は初回購入者に限ります。」との打消し表示を見落とした者から、打消し表示に隣接した箇所にある二重線の枠の中の表示に注意が引き付けられ、打消し表示に気付かなかったといった意見が聞かれた。

第3章　打消し表示に関する表示方法及び表示内容に関する留意点（実態調査報告書のまとめ）

3　打消し表示の表示内容について

(1) 基本的な考え方

打消し表示の内容が一般消費者に正しく認識されるためには、適切な表示方法で表示されていること、一般消費者が打消し表示の内容を理解できるように分かりやすく表示されていることが必要である。

(2) 問題となる打消し表示の表示内容

ア　例外型の打消し表示

商品・サービスの内容や取引条件を強調した表示に対して、何らかの例外がある旨を記載している打消し表示について、一般消費者が打消し表示を読んでもその内容を理解できない場合、一般消費者は例外事項なしに商品・サービスを利用できるという認識を抱くと考えられる。こうした強調表示及び打消し表示から商品・サービスの内容や取引条件について実際のもの等よりも著しく優良又は有利であると一般消費者に誤認されるときは、景品表示法上問題となるおそれがある。

【事例解説】

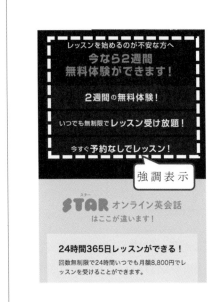
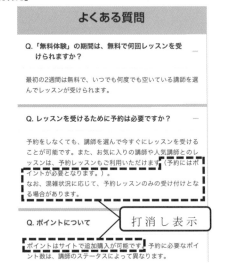

○　表示内容
- 予約なしで、いつでもレッスンを受講できる旨の強調表示に対し、混雑時はレッスンを予約する必要がある旨の打消し表示が表示されている。
- 最初の2週間は無料との強調表示に対し、レッスンを予約するためには、そ

の期間もポイントを購入する必要がある旨の打消し表示が表示されている。

○ 調査結果及び考察
- Webアンケート調査の回答者1,000人のうち、46.5%（465人）の者が、打消し表示を見た上でも、打消し表示の内容を理解できず、「無料体験の期間は、常にポイントを購入せずにレッスンが受けられる」と思う等と誤認。
- グループインタビュー調査では、表示から誤認した場合の見方として、混雑時は予約をしないとレッスンが受けられないことを理解していなかった場合や、無料体験の期間であっても、予約してレッスンを受ける際には別途費用がかかることを理解していなかった場合がみられた。

イ 別条件型の打消し表示

例えば、割引期間や割引料金が強調される一方、割引期間や割引料金が適用されるための別途の条件が打消し表示に記載されており、一般消費者が打消し表示を読んでもその内容を理解できない場合、一般消費者は別途の条件なしに強調された割引期間や割引料金で商品・サービスを利用できるという認識を抱くと考えられる。こうした強調表示及び打消し表示から商品・サービスの取引条件について実際のもの等よりも著しく有利であると一般消費者に誤認されるときは、景品表示法上問題となるおそれがある。

特に、適用条件や期間の異なる複数の割引が存在する複雑な料金体系の契約において、全ての割引が適用された割引料金とともにある特定の割引の期間だけが強調される一方、割引に関する別途の条件が打消し表示に記載されており、打消し表示を読んでもその内容を理解できない場合、一般消費者は、強調された特定の期間、全ての割引が適用された割引料金で利用できるという認識を抱くと考えられるので、景品表示法上問題となるおそれがある。

また、例えば、定期購入契約において、初回の価格の安さ等が強調される一方、解約条件が打消し表示に記載されており、打消し表示を読んでもその内容を理解できない場合、一般消費者は解約条件について理解できず、契約期間内の総額費用について誤認すると考えられる。こうした強調表示及び打消し表示から商品・サービスの取引条件について実際のもの等よりも著しく有利であると一般消費者に誤認されるときは、景品表示法上問題となるおそれがある。

第3章　打消し表示に関する表示方法及び表示内容に関する留意点（実態調査報告書のまとめ）

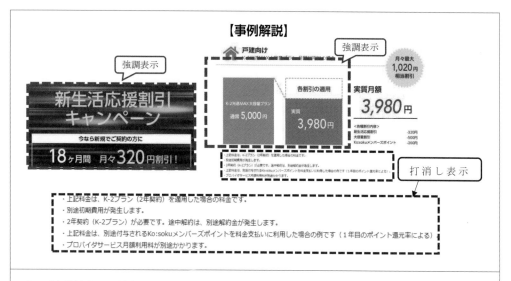

○　割引料金及び割引期間
【強調表示の割引料金】

- (i)Ｋ－２光速MAX大容量プラン（Ｋ－２プラン）に加入することで、「大容量割引」（500円引）が適用される。
- (ii)上記の「大容量割引」とは別に２種類の割引が存在し、期間限定の新生活応援キャンペーンにより「新生活応援割引」（320円引）が適用される他、会員になった場合は別途「Ko：sokuメンバーズポイント」による割引」（200円引）の適用を受けることができる。
- (iii)上記(i)及び(ii)の３種類の割引が全て適用された場合、通常月額5,000円が月々1,020円相当割引により実質月額3,980円となる。

割引期間	割引期間を記載した表示
(i)「大容量割引」（500円引）は、契約期間である「２年間」適用される。	「・上記料金は、Ｋ－２プラン（２年契約）を提供した場合の料金です。」との打消し表示
(ii)「新生活応援割引」（320円引）は、「18ヶ月間」適用される。	「18ヶ月間　月々320円割引！」との強調表示
(iii)「Ko：sokuメンバーズポイントによる割引」（200円引）は、１年後から割引額ポイント還元率が変更となる。	「・上記料金は、別途付与されるKo：sokuメンバーズポイントを料金支払いに利用した場合の例です（１年目のポイント還元率による）。」との打消し表示」）

3 打消し表示の表示内容について

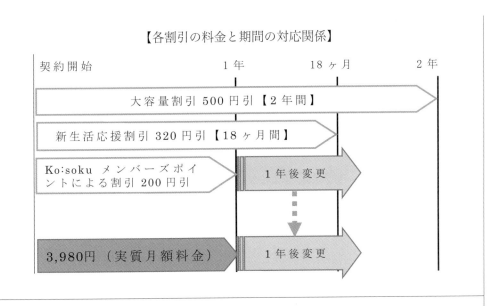

- 調査結果及び考察
  - Webアンケート調査の回答者1,000人のうち、47.7％（477人）の者が、打消し表示を見た上でも、打消し表示の内容を理解できず「実質月額料金が変わらない期間は、18ヶ月間とは異なる」と思う等と誤認した。
  - 表示から誤認した者は、各種割引の適用により「実質月額料金3,980円」で利用できると認識し、さらに、「新生活応援割引」の期間が「18ヶ月間」と強調されていることから、割引の適用された月額料金が「18ヶ月間」変更がないと誤認したことが考えられる。
  - 表示から誤認した要因として、打消し表示中の「メンバーズポイントを料金支払いに利用した場合」との表現が分かりにくかったことも考えられる。

ウ 追加料金型の打消し表示

「全て込み」などと追加の料金が発生しないかのように強調している一方、それとは別に追加料金が発生する旨が打消し表示に記載されており、一般消費者が打消し表示を読んでもその内容を理解できない場合、一般消費者は当該価格以外に追加料金が発生しないという認識を抱くと考えられる。こうした強調表示及び打消し表示から商品・サービスの取引条件について実際のもの等よりも著しく有利であると一般消費者に誤認されるときは、景品表示法上問題となるおそれがある。

第3章　打消し表示に関する表示方法及び表示内容に関する留意点（実態調査報告書のまとめ）

【事例解説】

○　表示内容
- PCにプリンター、ポータブルWi-Fiルーターを付けたPC特別セット料金が5,480円である旨の強調表示が表示される。
- PC特別セットを購入するためには、附帯契約のインターネット契約を結ぶ必要があり、月額費用として4,500円が発生する他、別途契約事務手数料を支払う必要がある旨の打消し表示が表示されている。

○　調査結果及び考察
- Webアンケート調査の回答者1,000人のうち、16.8％（168人）の者が、打消し表示を見た上でも、打消し表示の内容を理解できず、「最初に支払う金額は5,480円のみである」と思う等と誤認。
- このうち50.6％（85人）の者が、打消し表示に関して分かりにくさを感じた点として、「毎月発生する月額の費用とは別に初期費用がある」点が分かりにくいと感じると回答した。
- 「※契約事務手数料は初回請求時にかかります」との打消し表示の内容が分かりにくかった点として、契約事務手数料が初回請求時にかかることのみ記載されており、当該手数料が別途発生することやその金額も明示されていないため、当該手数料がPC特別セット料金やインターネット月額費用に含まれているかのような認識を与えることが考えられる。

エ　試験条件型の打消し表示

　表示を行うに当たっては、表示された効果、性能等（ここで「表示された効果、性能等」とは、文章、写真、試験結果等から引用された数値、イメージ図、消費者の体験談等を含めた表示全体から一般消費者が認識する効果、性能等であることに留意する必要がある。）が、試験・調査等によって客観的に実証された内容と適切に対応している必要がある。
　打消し表示として、試験・調査等によって客観的に実証された内容が書かれていたとしても、打消し表示の内容が外来語、業界独自の用語、技術に関する用語などの専門技術的

なものを含み、一般消費者が打消し表示の内容を理解できないことにより、表示された効果、性能等と試験・調査等によって客観的に実証された内容とが適切に対応していないことを理解できない場合、一般消費者は強調されているとおりの商品の効果、性能等があるという認識を抱くと考えられる。こうした強調表示及び打消し表示から商品・サービスの内容について実際のもの等よりも著しく優良であると一般消費者に誤認されるときは、景品表示法上問題となるおそれがある。

　実際には、商品に表示された効果、性能等がないにもかかわらず、商品ではなく成分について試験を行った結果に基づく表示を行うことにより、一般消費者は当該商品について表示された効果、性能等があるという認識を抱く場合がある。この場合、一般消費者が理解できないような試験の内容や条件等を記載したときは、一般消費者は表示された効果、性能等が成分に関するものであることを正しく理解できずに、当該商品について表示された効果、性能等があるという認識を抱くと考えられるため、商品の内容について実際のもの等よりも著しく優良であると一般消費者に認識されるときは、景品表示法上問題となるおそれがある。

　例えば、商品に効果、性能があるかのような強調表示に対し、打消し表示として、商品に含まれる成分に効果、性能があるだけで、実際の商品には効果、性能がない旨を表示する場合のように、強調表示と打消し表示とが矛盾するような場合は、一般消費者に誤認され、景品表示法上の問題となるおそれがある。試験結果等の表示により一般消費者の誤認を招かないようにするためには、当該商品の効果、性能等に適切に対応した表示を行う必要があり、成分について試験を行った結果に基づく表示を行う際は、試験の内容や条件等を分かりやすく表示し、当該成分の効果、性能等ではなく実際の商品の効果、性能等を一般消費者が正しく理解できるようにする必要がある。

第 3 章　打消し表示に関する表示方法及び表示内容に関する留意点（実態調査報告書のまとめ）

【事例解説】

○　表示内容
「マルトデキストリン」という成分が配合された酵素飲料について、当該「有効成分が体内で糖類を分解」との強調表示に対し、以下のような打消し表示が表示されている。

3 打消し表示の表示内容について

【打消し表示の趣旨】

打消し表示	打消し表示の趣旨
「※1　in vitro 試験にて"マルトデキストリン"と"ラクトース"の化学反応を調べた結果。」	(i)有効成分の「体内で」の働きについて、試験管や培養器等の中で体内と同様の環境を人工的に作って行った試験（＝「in vitro 試験」）で実証されたものであり、実際に体内で実証したものではない。 (ii)商品を製造する前に抽出した「マルトデキストリン」という成分の働きが実証されているだけで、製造された商品そのものについて試験を行っていない。
「※2　本商品は『GMP』工場で適正な品質管理のもと製造を行っており、製造過程における加熱殺菌処理により成分の働きが失われてしまう場合も、栄養素やビタミンなどの成分は残ります。」	(iii)商品の製造過程において加熱殺菌処理を行うため、製造された商品そのものについては、表示された糖類を分解する効果は失われている場合がある。

○　打消し表示に関する調査結果及び考察

　打消し表示を見た上で内容を理解できたか否かについて、Web アンケート調査における回答者 1,000 人の調査結果は、以下のとおりであった。

【「※1　in vitro 試験にて"マルトデキストリン"と"ラクトース"の化学反応を調べた結果。」との打消し表示に係る調査結果】

- 「商品を摂取すると、体内で糖類が分解されることは実験で確認されていない」と思うと回答し、打消し表示の内容を理解していたのは 13.6%であった。
- 51.7%は「どちらともいえない・わからない」と回答し、34.7%は「商品を摂取すると、体内で糖類が分解されることが実験で確認されている」と思うと回答していた。

【「※2　本商品は『GMP』工場で適正な品質管理のもと製造を行っており、製造過程における加熱殺菌処理により成分の働きが失われてしまう場合も、栄養素やビタミンなどの成分は残ります。」との打消し表示に係る調査結果】

- 「この商品の製造過程では、糖類を分解する成分の働きが失われる場合がある」と思うと回答し、打消し表示の内容を理解していたのは 19.0%であった。
- 55.1%は「どちらともいえない・わからない」と回答し、25.9%は「この商品

第3章 打消し表示に関する表示方法及び表示内容に関する留意点（実態調査報告書のまとめ）

の製造過程では、糖類を分解する成分の働きが維持されるように品質管理されている」と思うと回答していた。

【考察】
・ いずれの打消し表示についても、「in vitro 試験」といった専門用語や、「加熱殺菌処理」に関する専門的な内容について分かりにくさを感じたため、打消し表示の表示内容を正しく理解していなかった者が相当数みられた。
・ このことから、強調表示にあるような本商品の体内で糖類を分解する効果が実際に本商品を使用した生体内での実験により確認されていると誤認したり、強調表示にあるような本商品の体内で糖類を分解する効果が本商品の製造過程で失われることはないと誤認したりした要因として、打消し表示に専門的な内容が含まれており、趣旨が不明瞭であったことが考えられる。
・ このように分かりにくい内容の打消し表示は、一般消費者が表示の内容を正しく理解できなかったり、最初から特に意味のない情報だと判断したりして、誤認する場合もあると考えられる。

○ 試験結果等の表示についての認識に関する調査結果及び考察
　一般に、商品に含まれている成分の働きについて試験結果のデータ等を掲載した上で「○○試験を行った結果」等と記載している表示がある場合、どのような認識を抱くかについて、以下のような調査結果であった。
・ Web アンケート調査の回答者1,000人のうち、32.6％が「試験結果などが書かれていると、商品に効果がありそうだと感じる」（「試験結果などが書かれていると、商品に効果がありそうだと感じる」又は「どちらかというと試験結果などが書かれていると、商品に効果がありそうだと感じる」）と回答した。
・ そして、「試験結果などが書かれていると、商品に効果がありそうだと感じる」と回答した者（326人）のうち、63.5％が上記の事例における「※1　in vitro 試験にて"マルトデキストリン"と"ラクトース"の化学反応を調べた結果。」との打消し表示の内容について誤認していた（「商品を摂取すると、体内で糖類が分解されることが実験で確認されている」と思うと回答した。）。
・ このことから、試験結果等の表示どおりに商品の効果があると認識する者は、打消し表示の内容を正しく理解することなく、商品の効果があると誤認する場合があると考えられる。

（本書**第1章**の4(2)「試験条件型」の項も参照。）

4　体験談を用いる場合の打消し表示について

(1) 体験談に関する景品表示法上の考え方

　体験談については、「痩身効果等を標ぼうするいわゆる健康食品の広告等について」（昭和60年公正取引委員会通知）、「健康食品に関する景品表示法及び健康増進法上の留意事項について」（平成28年消費者庁）等において、体験談をねつ造する場合や一部の都合の良い体験談のみを引用する場合等、体験談を不適切に使用する場合は、不当表示に当たるおそれがあるとしている。

　打消し表示の実態調査結果から、実際に商品を摂取した者の体験談を見た一般消費者は「『大体の人』が効果、性能を得られる」という認識を抱き、「個人の感想です。効果には個人差があります」、「個人の感想です。効果を保証するものではありません」といった打消し表示に気付いたとしても、体験談から受ける「『大体の人』が効果、性能を得られる」という認識が変容することはほとんどないと考えられる。また、広告物は一般に商品の効果、性能等を訴求することを目的として用いられており、広告物で商品の効果、性能等を標ぼうしているにもかかわらず、「効果、効能を表すものではありません」等と、あたかも体験談が効果、性能等を示すものではないかのように記載する表示は、商品の効果、性能等を標ぼうしていることと矛盾しており、意味をなしていないと考えられる。

　このため、例えば、実際には、商品を使用しても効果、性能等を全く得られない者が相当数存在するにもかかわらず、商品の効果、性能等があったという体験談を表示した場合、打消し表示が明瞭に記載されていたとしても、一般消費者は大体の人が何らかの効果、性能等を得られるという認識を抱くと考えられるので、商品・サービスの内容について実際のもの等よりも著しく優良であると一般消費者に誤認されるときは、景品表示法上問題となるおそれがある。

　なお、試験・調査等によって客観的に実証された内容が体験談等を含めた表示全体から一般消費者が抱く認識と適切に対応している必要があるところ、商品の効果、性能等を標ぼうしている広告物の中には、(i)効果、性能等を示す表示（例：「この商品を飲めば5kg痩せます」という表示）に加えて体験談を用いる場合と、(ii)具体的な効果、性能等を明示せずに、体験談を含めて表示全体として効果、性能等を示している場合の2種類があるが、いずれの場合であっても、体験談が不適切に使用されるときは、景品表示法上問題となるおそれがあることに変わりはない。

　また、一般消費者が表示から受ける認識は表示全体で判断されるところ、体験談及び打消し表示の内容にかかわらず、体験談以外の効果、性能等を示す表示によって、商品・サービスの内容について実際のもの等よりも著しく優良であると一般消費者に誤認される場合は、景品表示法上問題となるおそれがある。そして、このような場合における体験談は、一般消費者が抱く実際のもの等よりも著しく優良との誤認を強めているものと考えられる。この場合、実際に効果、性能等があった者の体験談が用いられていたとしても、景

第3章 打消し表示に関する表示方法及び表示内容に関する留意点（実態調査報告書のまとめ）

品表示法上問題となるおそれがあることに変わりはない。

(2) 体験談を用いる場合の留意点

体験談を用いる際は、体験談等を含めた表示全体から「大体の人に効果がある」と一般消費者が認識を抱くことに留意する必要がある。

また、試験・調査等によって客観的に実証された内容が体験談等を含めた表示全体から一般消費者が抱く認識と適切に対応している必要があるところ、上記のような認識を踏まえると、実際には、商品の使用に当たり併用が必要な事項（例：食事療法、運動療法）がある場合や、特定の条件（例：BMIの数値が25以上）の者しか効果が得られない場合、体験談を用いることにより、そのような併用が必要な事項や特定の条件を伴わずに効果が得られると一般消費者が認識を抱くと考えられるので、一般消費者の誤認を招かないようにするためには、その旨が明瞭に表示される必要がある。

○ 求められる表示方法

体験談により一般消費者の誤認を招かないようにするためには、当該商品・サービスの効果、性能等に適切に対応したものを用いることが必要であり、商品の効果、性能等に関して事業者が行った調査における(i)被験者の数及びその属性、(ii)そのうち体験談と同じような効果、性能等が得られた者が占める割合、(iii)体験談と同じような効果、性能等が得られなかった者が占める割合等を明瞭に表示すべきである。

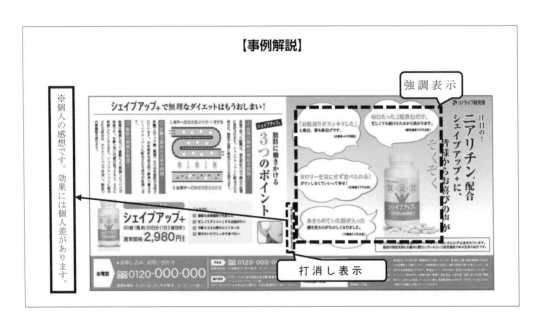

【事例解説】

4 体験談を用いる場合の打消し表示について

○ 表示内容
- あたかも、商品を摂取するだけで、特段の運動や食事制限をすることなく、容易に痩身効果が得られることを述べる体験談が表示されている。
- 「※個人の感想です。効果には個人差があります。」との打消し表示が表示されている。

○ 調査結果
- 体験談を見て42.2%の者が「大体の人に効果がある」と認識した。
- 体験談を見て「大体の人に効果がある」と認識した人のうち、33.7%が「この商品の購入を検討しても良い」と回答。
- 打消し表示を見なかった回答者に対し、打消し表示を見せても、「大体の人に効果がある」と認識した割合は大きく変化しなかった。

(打消し表示を見なかった時) 42.8% ⇒ (打消し表示を見た時) 36.6%

第4章

打消し表示に関する実態調査に係る研究会委員による考察・評価

第4章　打消し表示に関する実態調査に係る研究会委員による考察・評価

I　打消し表示問題の法理と規制の実態

（一社）全国公正取引協議会連合会会長代行　　糸田省吾

1　打消し表示問題の考え方

(1)　強調表示と打消し表示

　事業者が自己の供給する商品や役務について、品質が優れ、また、価格が安いなどその利点を消費者に訴求する広告などにより販売促進を企図するのは当然の広告宣伝活動で、何ら問題となるものではないが、往々にして訴求内容に例外があったり、安価での購入に制約があったりすることも珍しくない。その場合に、その例外や制約を併せて表示しないと、消費者は訴求した広告のとおり無条件、無制約にその商品や役務を入手することができるものと認識するから、その広告は事実に反するものとして、消費者に誤認されるものとなり、不当表示として景品表示法に違反するおそれがある。

(2)　景品表示法上の考え方

　この場合の利点を訴求する表示を「強調表示」、例外や制約などがあることの表示を「打消し表示」というが、打消し表示についての景品表示法上の考え方は理論的には簡明であるが、実態判断は決して容易ではない。それは、事業者の経営上の心理としてややもすると消費者への訴求する事柄を可能な限り強調したいという意識が働くからである。かといって打消し表示が適切さを欠き十分なものでなければ強調表示は事実に反することになるから、何らかの表示をしようとするが、できるだけ目立たないように表示するとか、打消しの内容をあまりはっきりとはさせたくないなどと考え、その結果消費者に正しく認識されるものとはならないおそれが生じる。もちろん、その場合は景品表示法に違反するおそれがあり、問題は、どのような打消し表示がこれに該当するかということであるが、その判断は必ずしも簡単ではない。結局ケースバイケースで判断することになるが、その考え方を可能な限り明確化、具体化することにより景品表示法違反を防止しようというのが「打消し表示問題」である。

2　景品表示法上の視点

(1)　消費者誤認の判断要因

　打消し表示が適正かどうかによって生じる景品表示法上の問題の本質は、強調表示が打

消し表示によってもなお消費者に誤認されるものであることにあるから、その視点は次の2点にある。

　第1は、打消し表示が消費者にとって形式的に正確に読むこと、認識することができるものであることである。打消し表示があっても消費者が正確に読めない、認識できないというのであれば、それは打消し表示は存在しないに等しいから、不当表示になるおそれがあることは当然である（形式的認識）。

　第2は、消費者が形式的、物理的に正しく読むことができる打消し表示であっても、その内容があいまい、不明瞭なものであってはならず、何をどのように打消しているのか消費者にとって正しく理解し、認識することができる内容のものであることである。打消し表示の意味が不明であれば、正しく打消したことにはならず不当表示になるおそれが生じることとなる（内容的認識）。

(2) 打消し表示の形式的認識

　第1の視点は、これまでの一般的な広告表示媒体である新聞・雑誌の広告や、テレビコマーシャルなどにみられるように、打消し表示が、強調表示に比してその文字が小さくて読みにくい、広告の文面の片隅に記載されていて気がつきにくい、打消し表示の放映時間が短く全部を読み切れない、などが一般的に考えられる打消し表示問題の典型例であった。消費者庁が行った第1回実態調査においてもそのことが端的に指摘されているが、現時点では、たとえば、表示媒体が動画の場合に、強調表示は文字と音声の組み合わせによるが、打消し表示は文字のみというケースや、スマートフォンなどのウェブサイトの表示媒体のように、打消し表示が強調表示とは別サイトに存在するところからスクロールやクリックなどを要するため、見落としてしまうといったように、打消し表示についての認識が脆弱で問題を招来するとの指摘も目立っている。このような打消し表示についての問題性については、単に消費者意識の把握だけでなく、第3回実態調査においては、打消し表示に対する消費者の視線が向けられる順序や表示に対する視線の停留する時間の長短などを緻密に把握し、いわば科学的な手法によって消費者意識を客観的に裏付けていることも興味深い。

　特に大事なのは、第1回調査において、普段打消し表示を意識しているという消費者は68%とかなり多いにもかかわらず、意識しているという消費者に実際に打消し表示を読んでいるかを訊いたところ、媒体によって異なるが、約50%から73%の消費者が見ない、読まない、としている。その理由は打消し表示が形式的、物理的に読めない、目に入らない、読みやすくないから読む気がしないなどというもので、まさに第1の視点が重要な意味合いを有していることを物語っている。

　第1の視点に関して現時点でとくに重要なのは、第2回実態調査がその対象としているように、スマートフォンを表示媒体とした打消し表示である。スマートフォンについては、画面が細長く小さいことなどから特有の問題があり、打消し表示があったとしてもそれを見るためには何回もスクロールを必要としたり、その画面からは直接見ることができないリンク先に必要な表示があったり、アコーディオンパネルを経由してはじめて必要な

第4章　打消し表示に関する実態調査に係る研究会委員による考察・評価

表示を見ることが多いなど、打消し表示にたどり着くのは容易ではないという問題がある。たとえば、「よくある質問」のパネルの中から消費者が自分で関係のありそうな項目を見つけ出してクリックしてようやく打消し表示を発見するというケースも少なくない。このような場合は、打消し表示を見落としやすいのは当然で、不当表示のおそれが発生する。

　また、スマートフォンについては、消費者の3分の2は目に留まった情報、読みやすい情報だけを拾い読みする傾向にあることも指摘されており、注意を要する。

　加えて、他の広告媒体とは異なり、広告表示が商品や役務の購入手続きにつながっているところから、表示が消費者に誤認されるものである場合は、被害の発生に直結するおそれがあることにも留意しなければならない。

(3)　打消し表示の内容的認識

　第2の視点については、打消し表示の内容が意味不明であれば、打消し表示が存在しないも同然で、論外であるが、打消し表示が業界の専門用語、科学用語などが使われ、消費者には理解できないようなものも同様に、不当表示のおそれがあることはいうまでもない。

　他方、大事なのは、強調表示と打消し表示との関係で、あくまでも強調表示は原則で打消し表示はその例外の関係になければならない。これが逆だと、商品や役務の優良、有利な利点が例外的に存在するにすぎないにもかかわらず、これを強調して表示をすれば、その商品や役務全体が一般的に利点を有するものであると認識され、たとえ打消し表示があったとしても、消費者に誤認されてしまうからである。

　また、強調表示と打消し表示とが矛盾するものであってはならない。強調表示と打消し表示は一体の関係にあるべきで、両者合わせて一つの表示として消費者に受け止められるものでなければならないから、この関係が崩れ、強調表示と打消し表示が脈絡のないものであれば当然のことながら消費者の認識に混乱が生じ、その表示は消費者に誤認されるものとなってしまう。要すれば、何でも打消せばよい、打消せば問題は生じない、という単純なものでは決してないのである。

(4)　「個人の感想」表示

　打消し表示の内容的認識の視点で象徴的なのは、健康食品などによく見られるいわゆる「個人の感想」表示である。ある健康食品について痩身効果などの効果効能があることを強調する表示をする一方で、それは「個人の感想」である、という表示である。これも強調表示で取り上げる効果効能が購入者にあまねく生ずるというわけではないとの趣旨の断り書きのようなものであろうから、強調表示に対する打消し表示の関係にある。

　この場合の「個人の感想」には次のようにいくつかのパターンがあるが、いずれも効果効能がみられないとの購入者からの苦情などがあった場合の言い訳のような意味合いを持つように思われる。

　① 効果効能があるという表示は、ある個人の体験談である（効果効能があった購入者

もいるが、購入者のすべてに効果効能があるわけではない）
② 効果効能があるかどうかは個人差がある（購入者のすべてに効果効能があるわけではない）
③ 効果効能を表す強調表示について、それは個人の感想であり、効果効能を表すものではない
④ 効果効能を表す強調表示について、それは個人の感想であり、効能効果を保証するものではない

これらのうち、①及び②についていえば、効果効能があるという強調表示自体が事実に反し消費者に誤認されるものであると認められる場合には、仮に効果効能を体験した個人がいたとしてそのことを表示したものであったとしても、強調表示の誤認性は、なんら阻却、減殺されるものではない。むしろ、強調表示自体が事実に反するものであるのに、一部の個人に効果効能があったこと（仮にそれが正しいものとしても）を表示することによって、かえって強調表示の誤認性を強めることになってしまう。強調表示自体が事実に反したものであるかどうかは、いわゆる不実証広告規制（景品表示法7条2項）によってその認定は困難ではない。ちなみに、実態調査によれば、消費者の意識としては、効果効能に個人差があるということであったとしても、誰かに効果効能があるのであれば大体の人にあるはずと認識する消費者の割合が約42％であり、そのうちの約38％の消費者は商品の購入を検討してもよいとしている。

③や④についていえば、効果効能があることを表示しておきながら（効果効能があることを表示しないのであればその商品の特性を表示していないことになり、広告ではなくなってしまう。）、他方で効果効能の存在を否定するというのは、全く矛盾し、ないしは意味不明の表示である。いうなれば、強調表示を全否定しているものであり、広告の体をなしていないが、消費者に対しては、効能効果があるという表示であると認識させるものであるから、効果効能がないのに（このことは事業者自らが打消し表示によって認めている）これがあるかのように誤認されてしまう。

3　措置命令にみる打消し表示問題の実態

打消し表示問題についての実態調査と相前後して、打消し表示を含む不当表示事案について、実態調査に示された考え方と同趣旨の措置命令が多数出されており興味をそそる。すなわち、第1回の実態調査が公表された平成29年7月から翌30年12月までの間に、打消し表示を含む事案についての措置命令は20件に上っており、早速実態調査の成果が実践に移されている。

以下では、措置命令が確定した事案について前記の打消し表示の視点別にとりあげ、若干のコメントを加える（なお、取り上げるにあたっては、理解しやすいように、事案の本質を外さない限りにおいて措置命令をかなり要約している。）。

第4章　打消し表示に関する実態調査に係る研究会委員による考察・評価

(1) 形式的認識に係るもの

◎ 紳士服販売業者5社に対する件（平成23年7月26日）

【事案の概要】

①　紳士服等衣料品の製造販売業を営む事業者が、テレビコマーシャルにおいて、「総力祭　全品半額」との文字を強調した映像と、「総力祭、全品半額」との音声等を放送し、また、一般日刊紙に折り込んで配布したチラシにおいて、「総力祭　全品半額」と強調して記載した表示をしていた。

この表示に接した一般消費者は、店舗で販売される衣料品等の全て又はほとんど全てが表示価格の半額で販売されるものと認識する。

②　しかしながら、実際には、表示価格が30,450円以上のメンズスーツ、表示価格が16,800円以上のメンズジャケット等のほか、特設コーナーに陳列された商品のみが表示価格の半額で販売されるものであり、また、これらに該当する商品であっても、一部のブランド商品は半額の対象とはならないものであった。

③　なお、同社は、テレビコマーシャルにおける「総力祭　全品半額」の映像とともに、「スーツ・ジャケット・スラックス・カジュアル」の文字のほか、「メンズスーツ税込30,450円以上の品」等の実際に半額の対象となる商品についての文字を放送し、また、チラシにおいて、「スーツ・ジャケット・スラックス・カジュアルが全品半額になります」、「メンズスーツ（税込30,450円以上の品）」、「メンズジャケット（税込16,800円以上の品）」等と記載していたが、当該文字及び記載は、「総力祭　全品半額」と強調した映像及び音声並びに記載に鑑みて、本件強調した表示に接した一般消費者に認識されるものとは認められない。

【コメント】

①　本件は、打消し表示（対象商品を限定する表示）があるものの、事実に反する強調表示に対する一般消費者の認識を変更するものではないとして不当表示と認定しているものであり、そのこと自体になんら問題はないが、この措置命令は今回の実態調査以前の案件であることもあって、物足りなさを否めない。

②　すなわち、打消し表示が一般消費者の認識を変更するものではない理由として、打消し表示の文字の大きさ、配置場所、放映時間等にも触れてしかるべきであろう。これらは、措置命令の別添写しの広告から窺い知ることができようが、本文には明記されていない。また、今般の実態調査の内容に照らしてさらに言えば、テレビコマーシャルについては、強調表示は音声と文字、打消し表示は文字のみという問題もあったであろう。

③　さらに、本件は、単に形式的認識の問題だけではなく、内容的にも、「全品」と強調しながら一定価格以上のものなどに限るなどと対象を限定する旨を表示するのは矛盾しており、広告として体をなさず、表示内容についても一般消費者に誤認されるものであるとの認定も可能である。ちなみに、本件についての新聞発表文によれば、本件のセール対象店舗における取扱全商品に対する半額対象商品の割合は、約60パーセントであった。

(2) 形式的認識に係るもの（スマートフォンに係るもの）

◎ 動画を配信するサービスを提供する事業者に対する件（平成30年5月30日）

【事案の概要】

① インターネットを介して動画を配信するサービス業を営む事業者が一般消費者に提供する役務に関して、たとえば、「動画見放題プラン」について、自社ウェブサイトにおいて、「動画見放題　月額933円　30日間無料お楽しみ」と記載し、その背景に30本の動画の画像を掲載し、「人気ランキング」及び「近日リリース」としてそれぞれ10本の動画の画像を掲載することにより、あたかも、動画見放題プランを契約すれば、「動画見放題」との記載の背景に掲載された動画や、「人気ランキング」及び「近日リリース」として掲載される人気の動画や「新作」と称するリリースカテゴリの動画など、同社において配信する動画が見放題となるかのように示す表示をしていた。

② ところが、実際には、動画見放題プランの対象動画は、同社が配信する動画の12パーセントないし26パーセント程度であって、特に、「新作」及び「準新作」と称するリリースカテゴリの動画については、1パーセントないし9パーセント程度であった。また、「動画見放題」との記載の背景に掲載した動画の過半は動画見放題プランの対象動画ではなく、「人気ランキング」及び「近日リリース」についても同様であった。結局、動画見放題プランを契約すれば、「動画見放題」との記載の背景に掲載された動画や「人気ランキング」及び「近日リリース」として掲載される人気の動画や「新作」と称するリリースカテゴリの動画など、同社において配信する動画が見放題となるものではなかった。

③ なお、同社は、これらの表示を記載したウェブページと同一のウェブページの下部に記載した「よくある質問」に、「▼動画見放題は新作も観られますか？」と記載し、これをクリックすると、「実質0円で『新作』でも2本ご覧いただけます。」との記載が表示され、また、「▼当社の動画配信とは？」をクリックすると、「当社の動画配信は、（中略）オススメの『動画見放題』プランなら、月額933円で、動画見放題（※）（中略）（※）動画見放題プランは『動画見放題』対象作品の中から、どれだけ観ても毎月定額でお楽しみいただけます。」との記載が表示されるようにしていたが、これらの記載は「見放題」との記載とは離れた個所に小さな文字で記載されているものであり、回答に係る記載は質問に係る記載をそれぞれクリックしなければ表示されないものであることから、一般消費者が前記表示から受ける当該役務の内容に関する認識を打消すものではない。

【コメント】

本件措置命令においては、打消し表示が「よくある質問」形式によるものであり、かつ、それが強調表示から離れた個所に小さい文字での記載であることを問題視している。これに加えて考えられることは、本件の要点となる「見放題」の内容について、「よくある質問」においてこれを明確に示す質問項目にはなっていないことも指摘されるであろう。さらに、本件表示においては、本件事業者の提供する動画のすべてが見放題であるかのように表示しているが、実際には特定のカテゴリのものだけが見放題であるというのはいわば論理矛盾であり、第2の視点からの問題を指摘することも考えられる。

第4章　打消し表示に関する実態調査に係る研究会委員による考察・評価

◎　セキュリティソフトの使用許諾提供事業者の件（平成30年3月22日）

【事案の概要】

①　セキュリティソフトウェアの使用許諾を一般消費者に提供すること等を営む事業者が、本件6役務について、たとえば、あるセキュリティソフトウェアの使用許諾を一般消費者に提供するに当たり、自社ウェブサイトにおいて、平成28年10月14日から同年12月5日までの間、「実施期間2016/12/5まで」、「標準価格8,208円（税込）」、「今なら2,462円お得！「30％OFF」及び「特別価格5,746円（税込）」などと記載することにより、あたかも「標準価格」と称する価格は、当該セキュリティソフトウェアの使用許諾について通常提供している価格であり、かつ、当該期間中に当該役務の提供を申し込んだ場合に限り、「特別価格」と称する安い価格で当該役務の提供を受けることができるかのように表示していた。

②　しかるに、実際には、「標準価格」と称する価格は、当該セキュリティソフトウェアの使用許諾の提供期間（平成28年10月14日から平成29年11月21日までの間）において提供された実績のないものであり、かつ、同提供期間において、「特別価格」で当該役務の提供を受けることができるものであった。

③　同社は、自社ウェブサイトにおける本件表示内容を記載したウェブページとは別のウェブページに、「標準価格」と称する価格は本件役務の使用許諾の自動更新時に適用される価格である旨を記載していたが、その記載は、本件表示の記載と同一視野に入る個所に記載されたものではなく、かつ、本件表示記載のウェブページに付されている当該別のウェブページへのハイパーリンクの文字列は、当該別のウェブページが「標準価格」と称する価格の趣旨に係る重要な情報の所在であることが明瞭に記載されたものではなく、一般消費者が本件表示から受ける認識を打消すものはない。

【コメント】

本件は、いわば架空の価格を引合いに出して、一定期間内に購入すればその価格よりも安く、お得であると一般消費者に誤認される不当な二重価格表示案件で、近年多発化している事例である。しかして、本件についての打消し表示は、「標準価格」とは、自動更新時に適用される価格で根拠のあるものであり、不当な二重価格表示には当たらないと主張しようとしているのであろうが、措置命令は「標準価格」の趣旨の説明が一般消費者には分かりにくいところに記載されているから、その表示を形式的に読むことが困難であり、当初の認識を打消すには至らず、不当な二重価格表示、すなわち、有利誤認表示の成立を妨げるものではない、としている。この判断に何ら問題はないが、かりに、本件打消し表示を正しく認識できたとしても、一定期間内に購入すれば、自動更新時の価格よりも安く、お得である、との趣旨の表示は意味をなさないのではなかろうか。すなわち、自動更新時の価格は購入価格とは異質のものであり、購入価格が安いかどうかの比較の対照とはならないのではないか。まして、当該期間の経過後1年近くは、「安いお得な価格」で購入できるようであるから、期間限定の意味はなく、この点についての誤認性は、自動更新時の価格という説明をもってしても何ら解消されるもではない。

(3) 内容的認識に係るもの

◎ 電気通信事業者に対する件（平成29年7月27日）

【事案の概要】

① 電気通信事業等を営む事業者が、485店舗において、あるブランドの通信端末の各商品を一般消費者に販売していたところ、当該各商品について、それぞれ、税抜き11,111円で販売するキャンペーンを実施した。当該キャンペーンについて、同社は、平成28年11月1日から同月4日までの間、自社ウェブサイトにおいて、「いい買物の日2016年11月3日〜11月13日おトクドッカーン！　本件商品が！スペシャルプライスで買えるのは今だけ！本体価格11,111円　表示価格は税抜きです」、同社の本件商品の「取扱い店舗にて、ご購入いただけます」等と記載するとともに、本件各商品の一覧を掲載したウェブページへのハイパーリンクを記載することにより、あたかも、同月3日から13日までの間、本件485の各店舗において、本件各商品について、それぞれ、税抜11,111円で販売するかのように表示をしていた。

② ところが、実際は、同社は、平成28年11月3日の本件キャンペーンの初日に、本件485の各店舗において、本件各商品を準備しておらず、それぞれ取引に応じることができないものであった。

③ なお、同社は、本件表示を記載した上記ウェブサイトページと同一のウェブページ内の「キャンペーン期間」の項目に「在庫がなくなり次第、終了となります」と記載し、また、同ウェブページ内の「注意事項」の項目及び本件各商品の一覧を掲載したウェブページに「商品によっては在庫がない場合もあります。取扱い店舗でご確認ください」と記載し、また、「在庫限り」との記載もあった。しかるに、「在庫がなくなり次第、終了となります」との記載は、本件キャンペーンの初日には、在庫が存在していることを前提としている記載であり、「商品によっては在庫がない場合もあります。取扱い店舗でご確認ください」等との記載は、「ない場合も」と記載している点で、本件485の各店舗において本件各商品の在庫が存在していないことが例外であるかのような記載であり、「在庫限り」との記載は、本件キャンペーンの詳細を記載したウェブページとは別のウェブページに記載されており、また、在庫の数量について記載されていないため、これらの記載は、本件485の各店舗における本件各商品の準備状況を明瞭に記載したものとはいえない。

【コメント】

本件は、少なくともキャンペーン初日には取引を行うための準備がなされていないにもかかわらず、取引をする旨の表示を行ったもので、一般消費者は、実際には購入することができないにもかかわらず、購入できると誤認するおそれのあるものとして、おとり広告に関する表示（平成5年4月28日公正取引委員会告示）第1号に該当するものであると認定されている。当事会社は、本件商品に在庫がない場合があり、そのときは販売できない旨の打消し表示をしていると主張しているようであるが、キャンペーン初日から在庫がないこととか、485の全店舗において在庫がないということを表すのにはいかにも不自然な表現で、正常な打消し表示とは考えられない。また、措置命令が触れているような在庫数

量を記載すべきものであるということでもないであろう。要すれば、本件は打消し表示によっては一般消費者の誤認を除去することは不可能であり、結局、本件キャンペーンの初日を変更しその旨の表示をするしか解決策はないものと考えられる。

◎ 中古自動車の販売業者に対する件（平成29年12月8日）

【事案の概要】

① 中古自動車販売業等を営む事業者が、本件129の商品（中古自動車）を一般消費者に販売するに当たり、日刊新聞紙に折り込んだチラシにおいて、たとえば、69商品にあっては、当該チラシの裏面下部に、「長期保証　最長10年」及び「重要機構部分を対象に最長10年の長期保証付き」と記載したうえで、個々の中古自動車について「10年保証対象」（4商品のみ「2年保証対象」）と記載することにより、あたかも各商品には、車両に係る保証が無償で付帯しているかのように表示していた。

② しかるに、実際には、各商品には車両に係る保証は、後記打消し表示にみられるように無償では附帯していなかった。

③ なお、本件事業者は、本件表示について、当該チラシの裏面最下部において、「価格は、車両本体価格（消費税込み）となります。価格には、保証料、付属品、自賠責保険料、税金（消費税は除く）、登録に伴う諸費用、整備費、オプション代は含まれておりません。」及び「保証は全て別途有料となります。」と記載していたが、当該記載は、車両に係る保証が無償で付帯している旨の本件表示と矛盾しており、意味をなしていないことから、一般消費者が本件表示から受ける保証の付帯に関する認識を打消すものではない。

【コメント】

本件は、強調表示と打消し表示とが矛盾し意味をなさないことの典型例である。すなわち、最長10年の長期「保証付き」などの表示は、一般消費者に保証が無償でついていると認識されるものであるから、「保証は別途有料」との表示はこれと矛盾するものであってなんら意味をなさないのである。余談であるが、このような打消し表示は、本体表示が事実に反していることを自認するものであって、景品表示法上の事実認定が容易になるかもしれない。

(4) 内容的認識に係るもの（個人の感想）

◎ 葛の花由来イソフラボンを成分とする機能性表示食品の販売業者に対する件（平成29年11月7日）

【事案の概要】

① 葛の花由来イソフラボンを成分とする2種類の機能性表示食品を販売する事業者は、これらの商品について、自社ウェブサイトにおいて、細身のウエストにメジャーを巻きつけた写真とともに「体重やおなかの脂肪を減らす」及び腹部の肉を手でつまんだ写真とともに「気になるのは……ウエストにたっぷり溜まった脂肪や体重」等と記載するなどの表示をすることにより、あたかも、本件2種類の商品を摂取するだけで、誰でも容易に、内臓脂肪及び皮下脂肪の減少による、外見上、身体の変化を認識できるまでの腹部の

痩身効果が得られるかのように示す表示をしていた。

② これに対して、いわゆる不実証広告規制として、当該表示の裏付けとなる合理的な根拠を示す資料の提出を求めたところ、当該事業者から資料の提出があったが、当該資料は当該表示の裏付けとなる合理的な根拠を示すものであるとは認められないものであった。

③ なお、本件については、各種表示媒体に、「※個人の感想です。効果効能を保証するものではありません。」、「※効果には個人差がございます。予めご了承くださいませ。」、「※2、対非配合品摂取群との比較。試験データは平均値であり、すべての方に効果を保証するものではありません。」等と表示していたが、当該表示は、一般消費者が本件表示から受ける効果に関する認識を打消すものではない。

【コメント】

本件表示に関して、①不実証広告規制のもとに不当表示とみなされているのであるから、いかなる打消し表示も強調表示の誤認性を除去する上で何ら有効ではないこと、②効果効能があることの本件表示と打消し表示における「効果効能を保証するものではない」とは矛盾していること、③本件表示が不当表示であるとみなされた以上は、効果には個人差がある等の表示は消費者の誤認を何ら軽減するものではなく、むしろ逆に効果があるとの誤認を強めることになることを本件事業者を含め広く認識させるべきである。

◎ 健康食品等の通信販売事業者に対する件（平成30年7月25日）

【事案の概要】

① 健康食品等の通信販売を営む事業者が、自社の供給するいわゆる健康食品を通信販売の方法により一般消費者に販売するにあたり、自社ウェブサイトや商品に同梱するチラシにおいて、「太れない体質だとあきらめたくない！」、「女性らしい美ボディに！健康的にふっくらしたい」、本件商品の容器包装の写真と共に、「3ヶ月で5.1kg増えた『7つの秘訣』プレゼント！」等と記載するなど、あたかも本件商品を摂取することにより、容易に肥満効果が得られるかのように示す表示をしていた。

② しかるに、本件事業者に対して、いわゆる不実証広告規制により当該表示の裏付けとなる合理的な根拠を示す資料の提出を求めたところ、同社から提出された資料はこれに合致するものとは認められないものであった。

③ 同社は、当該表示について、自社ウェブサイトや当該チラシにおいて、「※個人の感想であり、効果・効能を保証するものではありません。」、「使用感には個人差があります。」等と記載していたが、当該記載は、一般消費者の本件表示から受ける本件商品の効果に関する認識を打消すものはない。

【コメント】

本件は、不実証広告規制により提出された資料が本件表示の裏付けとなる合理的な根拠を示すものとは認められなかったところから、その時点で不当表示であることの認定は完結しており、いかなる打消し表示も何ら意味を有するものではない。したがって、かかる趣旨を措置命令に明記することが打消し表示問題を理解するうえで有効であると考える

が、さらにいえば、本体の表示で肥満効果が得られることを訴求しているのは明確であるのに、打消し表示で効果、効能を保証するものではないとの記載は、これと矛盾するもので意味をなさないものであることも当該事業者にはっきりと認識させることも必要かもしれない。

4 打消し表示問題への対応のあるべきすがた

　景品表示法上打消し表示問題は、打消し表示が形式的、内容的に適正さを欠くことにより、強調表示が消費者に誤認を与えるものと認められる場合には、不当表示として同法に違反することとなるものである。
　いうまでもなく、不当表示の構成要件の本質は、一般消費者に誤認されることにあるから、打消し表示を物理的にきちんと読むことができるものであるか、読めたとしてその内容が正しく理解することができるものであるかどうかは、もっぱら一般消費者の判断にかかるものであり、決して事業者の意識、業界の常識などだけで判断するものではない。とくに、広告宣伝活動においては、消費者への訴求に重点を置くあまり打消し表示は目立たないようにしたいという企業心理が働きかねないことにも留意する必要がある。
　したがって、打消し表示について景品表示法違反を防止するためには、要約すれば次のような事柄を考慮すべきである。
　①　訴求事項に例外、制約等がある旨のただし書き的な説明を必要とする場合には、可能な限り強調表示の中で処理すること。
　②　やむを得ず強調表示と別書きにする場合には、強調表示と打消し表示とは実質的に一体の表示であることを前提に表示すべきこと。
　③　一体の表示であるためには、ⅰ）文字の大きさ、両表示の近接性、両表示のバランス等の形式的な面での一体性、ⅱ）両表示の内容が整合的で論理的にも矛盾するものでない等の内容面での一体性、ⅲ）強調表示は原則、打消し表示は例外の関係の維持、ⅳ）意味不明、不明瞭な打消し表示の排除等に配慮すること。
　結局、商品や役務の特性によって打消し表示についての対応が異なることが少なくないことから、一律の基準を設定することは困難であるが、たとえば、特定の商品や役務について設定される表示に関する公正競争規約において、当該商品・役務についての打消し表示についての具体的な対応を設定することは効果的であり、その推進が期待される。

II 認知心理学からみた気づく・気づかない広告表示の3要因

北海道大学大学院文学研究院准教授　河原純一郎

　広告は商品を売りたい側から消費者へのメッセージを運びます。文字や音声を使うという点では手紙や電話と共通する部分もありますが、決定的に異なる点があります。手紙や電話はたいていの場合、決まった相手に向けたメッセージを伝えるのに対して、広告は相手が不特定多数であることです。特に広告は相手がどんな状況で見るかは必ずしも決まっていません。知人に電話をかければちゃんとその場で話を聞いてくれますが、消費者は広告をぼんやりと眺め、表示内容の一部しか見ないかもしれません。

　広告は消費者に向けて製品の魅力をアピールします。費用を使って工夫した広告を出しても、広告の効果があったとは言えないかもしれません。さらに、消費者は広告が伝える情報を誤って受け取ることがあるかもしれません。その理由は、広告を作成する側と、受け手側である消費者が必ずしも同じ観点で広告を見ているわけではないからです。打消し表示のように、いくら必要な情報が盛り込まれた広告でも、それを全て読み取って理解・記憶するかは見る側にゆだねられています。こうした観点の違いを理解するためには、心理学の知見が役立ちます。特に、認知心理学は、人間が情報を伝え、受け取る仕組みを調べる学問です。この章では、広告を見るときに何に注意し、読み取るかを決める消費者側の要因として、認知心理学の知見に基づいて3つの観点（モノ、意図、過去）から解説します。

1　モノの要因

(1)　物理的な差としてのモノ

　まず、モノの要因について説明します。モノとは、広告の物理的な特性を指します。いくら広告の制作側が必要な情報を広告表示に含めたとしても、見えにくければ読み手には伝わりません。すなわち、文字が小さかったり、低いコントラストのものは読まれにくいでしょう。また、広告の周辺に配置されているときも見落とされがちです。打消し表示も小さく、端のほうに表示されることが多く、見落とされることが多いのは第1章で紹介されている消費者庁が公表した打消し表示に関する報告書にも示されています。一般に、大きい文字、大きいもの、周囲よりも明るいもの、突然動き出すもののように、周囲との差分が十分にあるところには、人は視線や注意を向けやすいことがわかっています（Theeuews, 2010）。逆に、この差がないものが見つけにくく、見落とされやすいのです。

　人はまずは大雑把に全体を把握して、そのあと細かい情報に注意を向けるという傾向にあります（Navon, 1977）。そのせいもあって、広い面積を占める広告は気づかれやすく、

視線も向きやすくなっています（Aribarg et al., 2010）。映像広告に関しては、当然のことながら呈示時間が短いものは正しく読まれません。Chen et al.（1985）の研究では、英単語5文字を0.5秒呈示した場合、正しく認識できる割合は50％にすぎませんでした。文字を読むことに構えていた被験者であってもこの程度の成績ですので、TVCMなどで予期せぬ位置に細かい文字で呈示された場合、あらかじめ準備していない消費者は表示を見落としやすいでしょう。さらに、こうした物理的な要因の影響は子どもや高齢者ほど受けやすいでしょう。若齢成人が認知的な判断が最もすばやく正確であるため（Murman, 2015）、他の年齢層の一般消費者では表示の誤認や見落としが起こりやすいでしょう。

視線は顕著性の高い順に、すなわち目立つ順に停留するのが一般的です。紙面広告でも、大きく、太い、色つきの文字には視線が停留しやすいと考えられます。視線計測をした実験から、まずサイズの大きい広告の領域に向きやすく、その他は製品の写真、その他の絵や画像、見出し、本文が視線をひきつけることがわかっています（Janiszewski, 1998; Pieters et al., 2010）。その順でゆくと、小さな文字には視線は停留しにくいでしょう。また、人は安易なものと、複雑で頭を使って考えなければならないものが選べるならば、複雑なほうを避けられるという傾向があります（Kool et al., 2010）。したがって、複雑で読みにくい小さい文字や難しい文章は読まれず、避けられやすいと考えられます。

(2) 絶対的な数値・基準はない

それならば具体的に文字の大きさは何ポイントであれば見落とされないか、という疑問が生まれるかもしれません。しかし、目で見たり耳で聞いたりする感覚は相対的な違いを取り出す機能であるため、残念ながら、このサイズなら必ず読まれるという絶対的な数値や基準を特定できません。後で説明するように、いくら大きく表示しても、注意を向けていなければ見落とされてしまう場合もあります。太字で高いコントラスト、大きい文字、囲みを用いるものは読みやすい（Milosavljevic et al., 2012）のですが、そんな表示ばかりで埋め尽くされると却って読みにくくなります。したがって、広告の読み手には、周囲と比較して十分な差があり、注意が向けられているもののみが伝わります。

2 意図の要因

(1) 構えていないものは見落とす

広告の内容が読み手に伝わるかを決めるもう1つの要因は、読み手の意図や構えです。どこに、何に注意を向けようとしているかという構えによって、意識に上るものが左右されます。かなり目立つはずのものであっても、別のものに注意を向けているときは、その目立つはずのものでさえ見落とされてしまいます（Simons & Levin, 1997）。この特性を端的に示す研究を紹介しましょう。ドライビングシミュレータを使って、コンピュータグラフィックスで描かれた市街地を運転する実験です。このとき、この市街地には行き先を指す矢印が看板として表示されていました。実験に参加した人の半数は、青い矢印、残りの

半数は黄色い矢印にしたがって自動車を運転するよう指示されました。実験では、しばらく運転していると、直前を横切って突然飛び出してくるオートバイが現れました。このオートバイは、黄色または青色のいずれかでした。参加者はこの飛び出しがあることを知らされておらず、これを避けてブレーキを踏む必要がありました。衝突の割合は、従うよう指示された矢印とは反対の色のオートバイに対しては5倍も多かったという結果でした（Most & Astur, 2007）。すなわち、運転者が気づくためにはオートバイの色そのものが黄色か青色かは重要ではなく、運転者が探していた矢印の色に一致するか、しないかという構えこそが重要だったのです。

　この例のように、探そうとしているものや特徴をもつものには気づき、読み取ることができます。しかし、構えていないもの、注意を向けていないものは、例え飛び出してきてもすぐには気づかれません。Web広告でも、主となる内容に非関連な広告は読み手から避けられます（Dreze & Hussherr, 2003）。したがって、広告を作る側がどれだけ工夫しても、見る側がそれを読み取る意図がなければ見落とされやすいのです。広告は必ずしも作る側の意図通りに見られるものではないと言えます。広告を見る場合、観察者の構えによってどこに注目するかが左右されます。製品購入のつもりで精査させると、まずは見出し文字に、その後製品に視線が向かいます（Rayner et al., 2008）。広告の好みを判断するときは、製品説明を細かく読むように教示されたときよりも大局に注意しがちになります（Wedel et al., 2008）。同じ広告であっても、見る側の立場によって読まれ方、記憶のされ方は必ずしも同じではありません。そのため、広告の中に表示してあるものは全て伝わるとはいえず、読み手の意図の外にあるものは無視されるかもしれません。広告の打消し表示では、打ち消されるはずの内容が強調されており、その内容を肯定することが主題となっているため、見る側はその主題に合った構えで広告を読んでいます。そのため、打消し表示の内容は見落とされやすくなる可能性があります。

(2) 注意の負荷

　たいていの広告には製品の画像、人や背景の画像、見出し文、説明文が含まれます。これら全てに同時に等しく注意を向けてそれらの意味を知ることはできません。この文を読んでいるあなたが、すぐ真下の文でさえこの文と同時に読むことができないでしょう。この例からもわかるように、われわれにとって、物体や文字のような複雑なものを認識することは一度に1つが限界です。広告のように、読み手側にとって新奇なものの場合は特にそうです。どこに注意を向けるか、何に構えるかをコントロールしているのが作業記憶という認知の仕組みです（Baddeley, 2012）。この作業記憶は見たもの、聞いたものを一時的に蓄え、判断や理解するための作業場のようなものです。そして、長い期間覚えておくための足場となります。作業記憶には容量制限があり、4つ程度の内容しか留めておくことができません（そのために本稿でも重要な3要素に限定しています）。Web広告などではスクロールさせて次々に商品の特徴をアピールできますが、読み手の作業記憶には上限があるため、読み進めていくうちにあふれてしまうでしょう。難しい内容であれば容量をさらに使います（Alvarez & Cavanagh, 2004）。そのため、契約の条件などの重要な項目を示

しても、この上限を超えれば理解されず、記憶もされないかもしれません。このとき、いくら太字で示したとしても、モノのレベルでは十分に伝わるかもしれませんが、その先にある作業記憶のレベルでオーバーフローしてしまうのです。

3 過去の要因

(1) 価値あるものに注意が向く

　モノ、意図の他に広告の内容が読み手に伝わるかを決める要因として、過去の要因が挙げられます。金銭などのように、過去の経験によって個人にとって価値のあるもの、重要だと考えるものには注意が向きやすいことが知られています（Anderson, 2013; Yasuda et al., 2012）。空腹のときは高カロリー食品に注意が向きやすいともいわれています（Cunningham & Egeth, 2018）。同様に、社会生活を送る上で他人の存在は重要ですから、顔にも注意が自動的に向きます（Sato & Kawahara, 2015）。これは上述の意図の要因とは違います。もちろん、顔を探そうと意図的に構えを作ることもできますが、ここでいう価値のあるものは、意図しなくても自動的に注意が向いてしまうことが重要です。笑顔あるいは怒った顔には自動的に注意が向きやすいと考えている研究者もいます（Belopolsky et al., 2011; Becker et al., 2011）。実際に、広告の中の視線や顔画像は注意を引きつけるという報告もあります（Sajjacholapunt & Ball, 2014）。価値があるものというとポジティブなもののように聞こえるかもしれませんが、注意を引きつけるものは必ずしもそうではありません。抑うつ症状にある人はネガティブな言葉や顔表情に注意が向きやすいことが知られています（MacLedo et al. 1986; Gotlib et al., 2004）。おそらく、ネガティブな気分のときは自動的にネガティブなものに対する構えが向き、感度が高まっています。そのようなときには危険を避ける必要があるという意味で価値を持つ情報ですので、注意が向きやすくなっているのでしょう。

(2) 近い過去の影響

　上に述べたような比較的長期間の過去の経験だけが広告内容の注目されやすさに影響するのではありません。もっと短期間の影響もあります。たとえば、広告で爽やかに筋肉トレーニングしている若者を見たとします。見る側にはこの映像から自動的に、「健康」や「力強さ」といった概念が連想されます。そのため、そのあとに健康食品の製品説明があると、健康になるという文脈が作られているので、製品の評価はポジティブになる可能性があります。このように、ほんの直前であっても先行する情報によってその後の認知が影響を受ける可能性があります。これを文脈効果、あるいはプライミングと言います。われわれの認識の仕組みには概要を素早く理解し、そのあとの詳しい分析を助けるというはたらきがあり、普段からこの仕組みの恩恵を受けています（Bransford & Johnson, 1972; Neely, 1977; Wolfe, 2014）。この仕組みはたいていの場合は円滑な認識を支えてくれるのですが、広告の理解にあたっては雰囲気を作ってしまうため、判断にバイアスをかけてしま

う可能性があるかもしれません。

4　まとめ

　この章では、広告を見るときに何に注意し、読み取るかを決める消費者側の要因として、認知心理学の知見に基づいてモノ、意図、過去という3つの観点から解説しました。広告は工夫して作られたとしても、必ずしも作る側の考えたとおりに見る側の消費者に伝わるわけではありません。それは広告に関する数々の苦情や、極端な場合には景品表示法違反行為という形のトラブルが生じていることからも明らかです。こうした問題が起こる背景には、広告を作る側と、見る側の消費者の間にさまざまな点でずれがあるせいでしょう。ここで挙げたように、広告に含まれるモノのとしての情報（文字の大きさや配置など）は、必ずしも消費者にとって最適であるとは限りません。難しいことに、こうしたモノとしての情報の示し方には唯一の完全正解は見当たりません。それは消費者側の意図が多様だからです。どんな場面で何に構えて広告に接するかは消費者次第であって、一定の見方を強制することはできません。さらに、過去の要因によって消費者の受け取り方にも差が生まれます。こうした理由から、広告を見たすべての消費者に打消し表示の内容を確実に伝える絶対的で画一的な手法はないでしょう。広告の作成にあたっては、これらの3つの観点が意識されることは、より伝わりやすい表現に貢献するかもしれません。また、消費者にとっても、これら3点を正しく理解することは広告が関わるトラブルの防止に役立つことが期待されます。

【参考文献】

Anderson, B. A. (2013). A value-driven mechanism of attentional selection. Journal of Vision, 13(3):7, 1-17.

Aribarg, A., Pieters, R., & Wedel, M. (2010). Raising the BAR: Bias adjustment of recognition tests in advertising. Journal of Marketing Research, 47, 387-400.

Becker, D. V., Anderson, U. S., Mortensen, C. R., Neufield, S. L., & Neel, R. (2011). The fae in the crowd effect unconfounded: Happy faces, not angry faces, are more efficiently detected in single- and multiple-target visual search tasks. Journal of Experimental Psychology: General, 140, 637-659.

Belopolsky, A. V., Devue, C., & Theeuwes, J. (2011). Angry faces hold the eyes. Visual Cognition, 19, 27-36.

Chen, H. C., Healy, A. F., & Bourne, L. E. (1985). Effects of presentation complexity on rapid-sequential reading. Perception & psychophysics, 38, 461-470.

Drèze, X., & Hussherr, F. X. (2003). Internet advertising: Is anybody watching? Journal of interactive marketing, 17, 8-23.

Gotlib, I. H., Krasnoperova, E., Yue, D. N., & Joormann, J. (2004). Attentional biases for negative interpersonal stimuli in clinical depression. Journal of Abnormal

Psychology, 113, 127-135.

Janiszewski, C. (1998). The influence of display characteristics on visual exploratory search behavior. Journal of Consumer Research, 25, 290-301.

Kool, W., McGuire, J. T., Rosen, Z. B., & Botvinick, M. M. (2010). Decision making and the avoidance of cognitive demand. Journal of Experimental Psychology: General, 139, 665-682.

MacLeod, C., Mathews, A., & Tata, P. (1986). Attentional bias in emotional disorders. Journal of Abnormal Psychology, 95, 15-20.

Milosavljevic, M., Navalpakkam, V., Koch, C., & Rangel, A. (2012). Relative visual saliency differences induce sizable bias in consumer choice. Journal of Consumer Psychology, 22, 67-74.

Most, S., B., & Astur, R. S. (2007). Feature-based attentional set as a cause of traffic accidents. Visual Cognition, 15, 125-132.

Murman, D. L. (2015). The impact of age on cognition. Seminars in Hearing, 36, 111-121.

Navon, D. (1977). Forest before trees: The precedence of global features in visual perception. Cognitive psychology, 9, 353-383.

Neely, J. H. (1977). Semantic priming and retrieval from lexical memory: Roles of inhibitionless spreading activation and limited-capacity attention. Journal of Experimental Psychology: General, 106, 226-254.

Pieters, F. G. M., Wedel, M., & Batra, R. (2010). The stopping power of advertising: Measures and effects of visual complexity. Journal of Marketing, 74, 48-60.

Rayner, K., Miller, B., & Rotello, C. M. (2008). Eye movements when looking at print advertisements: The goal of the viewer matters. Applied Cognitive Psychology, 22, 697-707.

Sajjacholapunt, P., & Ball, L. J. (2014). The influence of banner advertisements on attention and memory: human faces with averted gaze can enhance advertising effectiveness. Frontiers in psychology, 5, 166.

Sato, S., & Kawahara, J. (2015). Attentional capture by completely task-irrelevant faces. Psychological Research, 79, 523-533.

Simons, D. J., & Levin, D. T. (1997). Change blindness. Trends in Cognitive Sciences, 1, 261-267.

Theeuwes, J. (2010). Top-down and bottom-up control of visual selection. Acta Psychologica, 135, 77-99.

Wedel, M., Pieters, R., & Liechty, J. (2008). Attention switching during scene perception: How golas influence the time course of eye movements across advertisements. Journal of Experimental Psychology: Applied, 14, 129-138.

Wolfe, J. M. (2014). Approaches to visual search: Feature integration theory and guided search. The Oxford handbook of attention, 11-55.

Yasuda, M., Yamamoto, S., & Hikosaka, O. (2012). Robust representation of stable object values in the oculomotor basal ganglia. Journal of Neuroscience, 32, 16917-16932.

Ⅲ　誤認する消費者、しない消費者

青山学院大学経営学部教授　　土橋治子

はじめに

　日常生活のなかで、われわれ消費者が広告を目にする機会はとても多い。街中にあふれる看板、毎日のように届くEメール広告、スマートフォン（以下：スマホ）でニュースや動画を見ているときですら広告を目にする。しかし、出会った広告にきちんと目を向ける消費者がどれだけいるだろうか。多くの看板は風景に同化しているだろうし、Eメール広告は開かずに削除することが多いだろう。スマホを見ている間に出会う広告はスキップされ、そうした広告をブロックするアプリをインストールする消費者さえいる。仮に関心をもってその広告を見たとしても、多くの消費者が書かれてある内容をくまなく読むことはあまり期待できない。こうした消費者であっても、大きな文字、大きな音、「全品半額」といった魅力的な文言に対しては目を向けることが知られている。人間は、大きなもの、目立つもの、色鮮やかなもの、動くもの、自分のニーズを満たす可能性があるものに対しては、きちんと見ようとする動機が働くのである。

　本書では、これらを「強調表示」と呼び、「打消し表示」に対置されるものとして扱ってきた。「強調表示」と「打消し表示」の間に著しく齟齬がある場合には景品表示法上、問題視されるという意味において、「強調表示」は「打消し表示」のあり方を決定する基盤ということができるだろう。

　しかしながら、消費者行動やマーケティングという観点からいえば、「強調表示」は、もうひとつの重要な役割を果たしている。冒頭で述べたように、広告に接触する機会は多くありながら、消費者は広告に注意を払っていない。広告に目を向けたとしても、それが精読されることは少ない。広告の中で見られる「強調表示」は、こうした広告を見ようとしない消費者の注目を得るための企業の工夫に他ならない。「強調表示」の多くは、企業が広告内でもっとも訴求したい内容や対象である。そしてそれらは、広告の表示方法や表現方法を熟慮した結果生み出されたものでもある。すなわち、「強調表示」はそれ自体、広告の誘目性を高める企業側の戦略のひとつであるだけでなく、製品やサービスの優れた点や作り手である企業の想いや意図を伝達するための必要不可欠な戦略として位置づけられる。

　しかし、制約条件や付帯条件があるなどして、「強調表示」の内容を打消す表示、すなわち「打消し表示」が広告内で提示される場合、特に、そのことによって消費者が誤認する場合には、景品表示法に抵触する可能性が高まってくる。「強調表示」が企業にとって重要な戦略であれば、なおさら、企業が「意図せざる誤認」を消費者にさせることは回避しなければならないだろう。そのために企業は、自身の「強調表示」や「打消し表示」が、どのような状況下で消費者に誤解を与えるのかを理解する立場にあることを自ら知っ

ておく必要がある。

　しかし、本書で扱ってきた、「強調表示」と「打消し表示」から派生する誤認の問題は、その解釈が極めて複雑である。その理由は、誤認を生じさせている源泉が複数あり、それらが識別されていないばかりか、両者が複雑に絡み合って多様な誤認を生み出していることに起因していると思われる。そこで本稿では、誤認を生じさせている源泉を2つに区分した上でそれらの構成要素を整理していく。それを踏まえて、消費者行動の観点から広告表示に関するインプリケーションを提示することを主たる目的とする。

　以下では、まず第1節において誤認とは何かについて述べる。第2節では、消費者行動の基本的なモデルを紹介し、第3節において誤認を生じさせている第1の源泉について述べていくことにする。続く第4節では消費者の理解プロセスについて紹介したあとに、第5節において誤認を生じさせている第2の源泉について触れていくことにする。そして第6節ではインプリケーションを提示し、第7節において要約と今後の課題について論じていくことにする。

1 誤認とは何か

　本稿は誤認を生じさせる源泉が2つあるとの見解を有している。それらについて詳細に論じる前に、これら2つの源泉が互いに影響しながら結果として生じる誤認には、いかなるものが想定できるのかを確認しておくことにしよう。

　誤認と簡単にいっても、異なった特徴をもったいくつかのタイプの誤認がある。たとえばJacoby and Hoyer（1987）は、雑誌広告を題材としながら、誤認を以下の4つに類型化している[1]。「完全な誤認（complete miscomprehension）」とは、広告に接触した消費者が、その表示内容から完全に誤った意味を抽出する状況を示している。また、抽出された複数の意味のうち、一部は正しく、一部は誤った意味を含んでいる状況を「部分的な誤認（partial miscomprehension）」、どの意味が正しく、どの意味が誤っているのかという判断を消費者ができない状況を「困惑的な誤認（confused miscomprehension）」と呼んでいる。さらに、「派生的な誤認（derived miscomprehension）」は、正しい意味を抽出しながらも、それらを基盤として誤った推論をしてしまう状況をあらわしている。

　いずれも、広告表示がいかなる内容を指し示すかに関して、何かを誤って理解している状況を示しており、その対象が部分的か否か、あるいは消費者が暗示的な意味を推論した結果、新しく生じたものなのかによって多様性があることがわかる。「強調表示」と「打消し表示」から生じる誤認も、こうした4つの誤認が混在していると考えるべきであり、誤認自体が有するこの多様性こそ、何が誤認で何が誤認ではないのかの境界を曖昧にしているといえるだろう。

　以下では、こうした誤認の多様性を前提とした上で、その源泉がどこにあるのかについ

---

[1] Jacoby and Hoyer（1987）では、4タイプの「誤認」のほかに、「完全な理解（comprehension）」と「無理解（non-comprehension）」が提示されている。

て論じていくことにする。まず次節では、その基礎となる消費者行動の基本モデルについて簡単に紹介しておくことにしよう。

2　情報を処理する消費者

そもそも消費者は、広告に記載されている表示を見て購買行動に至るまで、どのようなプロセスを経ているのであろうか。これを知るうえで有用なモデルをまずは紹介しておくことにする。このモデルは「消費者情報処理モデル」と呼ばれ、その概要は図表1のように表すことができる。

【図表1】　消費者情報処理モデルの概要

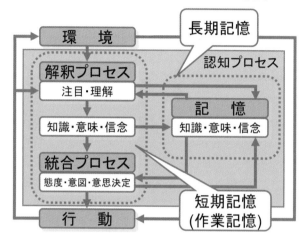

出所：Peter and Olson (2004), p.108 を修正して引用

このモデルの最大の特徴は、消費者を「情報を処理する存在」として仮定している点にある。広告に記載されている表示は、消費者を取り巻く環境の中にある情報とみなされ、情報処理される候補となる。それが「強調表示」であれ、「打消し表示」であれ、環境内にある情報に接触すると、まず消費者はその情報に注目し、その情報がどのようなものであるかを理解しようとする。そして、得られた情報は統合され、それらをもとに広告されている製品やサービスを評価し、購買行動に至るという具合である。

前者は「解釈プロセス」、後者は「統合プロセス」と呼ばれるが、特筆すべきは、これらはすべて短期記憶と呼ばれるところで処理されているという点である。たとえば11桁からなる携帯の番号を見せられたとしよう。そもそも11桁を覚えることも困難であろうが、5分後にその番号を正確に思い出せる人は、ほとんどいないであろう。このように人間の短期記憶は、一度に処理される情報量に限りがあるだけでなく、記憶されない限り、短期記憶上から消え去ってしまうという特徴を有している。

次に特筆すべきは、消費者の長期記憶にある内部情報、たとえば過去の購買経験や既に有しているブランド・イメージなどが、どちらのプロセスに対しても影響を与えるという

点である。すなわち、消費者が情報を見たり、考えたり、良し悪しを判断したりする際には、それ以前に蓄積された当該消費者の「知識」が大きな影響を与えているのである。

3　第1の源泉——見ることができないのか、見たくないのか

　広告内の情報をこのようなプロセスを経て消費者が処理していると仮定すると、「打消し表示」に関していくつかの示唆を導き出すことができる。

　ひとつは、環境内にある情報が消費者に取り込まれない場合、情報処理プロセスが開始されないという点である。典型的には、文字が小さすぎる、文字の色が薄い、文字が背景色と同化しているなどの理由で「打消し表示」に気がつかず、その存在自体を消費者が認識できない場合がこれにあたる。本書では、アイ・トラッカーを用いた視線分析の結果がまとめられているが、上記の条件にあてはまる「打消し表示」には実際に視線が向けられていないことが示されており、情報処理プロセスが開始されていない状況を裏付ける結果となっている。

　文字の大きさや色など、消費者が物理的に「打消し表示」を認識しにくいというだけでなく、消費者の情報処理能力の限界（Malhotra, 1982）という点から生じる「打消し表示」の見落しも存在する。たとえば、テレビ広告において、「打消し表示」の表示時間が短すぎる場合、WEB広告において、「強調表示」と同一画面に「打消し表示」がなく、スクロールやタップをしなければ「打消し表示」にたどり着かないなどがあげられるであろう。前節で述べたように、人間の短期記憶において処理できる情報量には限りがある。テレビ広告の最後に一瞬現れる「打消し表示」を全部読めなかったり、「強調表示」に気がついたあと、「打消し表示」を探そうとスクロールしている間に、新たな情報に出会い、そちらに気をとられるなど、一度に処理できる情報量を超過して情報が提示されている場合には、情報処理を行うことができなくなってしまうのである。

　物理的に「打消し表示」に気がつかない、情報処理能力の限界から「打消し表示」を処理しきれない、いずれの場合も、消費者は「打消し表示」を見ないまま、「強調表示」だけを利用して情報処理を行うこととなり、これによって誤認する可能性が高まってくる。このタイプの誤認に対しては、本書が留意点として提案しているように、消費者に「打消し表示」に気づかせる工夫や処理できる情報量を超えないよう「打消し表示」の提示の仕方を考慮することで、ある程度回避することができると考える。

　こうした改善を行うことによって「打消し表示」を見ることができる環境が整ったとしても、企業にとってはさらに重要な問題があることを指摘しておきたい。それは、広告表示を「見たくない」と思っている消費者の存在である。

　広告内容を隅から隅まで読む場合、消費者の情報処理は膨大なものとなり、消費者の心理的、時間的負担は大きくなっていく。その購買が当該消費者にとって重要な購買であったり、高額製品を購入するような場合には、多大な認知的労力を費やしても、広告内容をきちんと把握しようとするだろう。しかしながら、そういったタイプの購買は全体の中の一部にすぎず、スナック菓子やペットボトル飲料のように日常生活の中で行われる購買の

多くは、時間をかけて選択されないものが多い。このような場合、消費者はできる限り、費やす認知的労力を最小化しようとすることが知られている。

　消費者行動の領域では、こうした消費者を関与水準が低い消費者と呼び、それが高い消費者と比較される形で研究が進められてきた。一連の研究知見からは、低関与の消費者は、自ら能動的に情報を探すことはなく、目に飛び込んでくる情報と自身の購買経験を頼りに購買を行うことが指摘されている（Greenwald and Leavitt, 1984）。当然、接触した広告内容の表示も一瞬目を通すぐらいのことしか行わず、見えにくく、探さないと見つけられないような「打消し表示」をわざわざ見つけ出すような行為は行われないと考えるべきである。

　このように低関与の消費者は、そもそも「打消し表示」を見たくないから見ないのであって、「打消し表示」に気がつかないから見ることができない消費者とは、見ない理由が異なると考えるべきである。冒頭で述べたように、広告をくまなく見る消費者は少ない。また購買行動の大半は関与水準が低いものであるという点を考えあわせても、広告を見たくないと思っている消費者が多数いることを企業は前提として受け入れるべきであろう。

　一方、両者の共通点は、どちらも「打消し表示」に関する情報が欠落しているという点にある。このような場合、消費者は欠落している情報に対して敏感でないことが多く、明確ではっきりと提示された情報なら、どのようなものでもそれに頼ってしまう傾向がある（Boush, Friestad, and Wright, 2009）。すなわち「強調表示」だけを頼りに情報処理がなされ、結果として誤認する傾向が高まるという具合である。これが誤認を生じさせている第1の源泉である。「打消し表示」に関する情報に消費者が接触していないという特徴から、ここではこれを「情報欠落型誤認」と呼んで議論を先に進めることにしよう。

4　理解プロセスを捉える3つの観点

　前節で述べた「情報欠落型誤認」は、「打消し表示」に関する情報が欠落することによって生じる誤認である。しかしながら仮に「打消し表示」に気がつき、情報が欠落していなかったとしても、誤認が生じる可能性は大いに残されている。

　これは、環境内にある情報に消費者が接触し、注目したあと、すなわち、その情報がどのような意味内容のものであるのかを理解する段階で生じる。消費者行動の領域において、この段階は「理解プロセス」と呼ばれるが、ここに誤認を生じさせる第2の源泉がある。以下ではまず、この理解プロセスについて簡単に紹介しておくことにしよう。

　理解プロセスは、図表2にあるように、理解の容易さ、深さ、複雑性という3つの観点[2]から捉えることができる（Peter and Olson, 2004）。また、それぞれにおいて、自動的から意識的、表層的から深層的、低精緻化から高精緻化とレンジが仮定されている。

---

[2] Peter and Olson（2004）では、これら3つの観点のほかに「記憶可能性（memorability）」が提示されており、低再生・弱い記憶から高再生・強い記憶というレンジが仮定されている。

【図表2】 理解の多様性

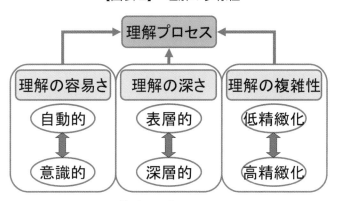

出所：Peter and Olson (2004), p.121 を修正して引用

　まず「理解の容易さ」とは、その情報を簡単に理解できるか否かを示すものである。わかりやすい広告表示など、比較的簡単に理解できる情報は、迅速かつ自動的に理解されるが、難解な広告表示や自分の考えから外れた情報は、理解する上である程度意識を振り向ける必要があることを意味している。次に理解の程度を表しているのが、「理解の深さ」である。表層的な理解しかしない消費者は、深層的な理解をする消費者に比べて、ありのままの具体的な情報だけに注目し、その背後にある暗示的な意味合いまでは理解しようとしないといった特徴を持っている。そして「理解の複雑性」とは、理解プロセスにおいて新たに生じた知識と既存知識がどの程度関連づけられるかを示すものである。既に消費者が有している既存知識と関連づけながら、新しく出会った情報を懸命に考える消費者は高い精緻化を行っている消費者とみなされる。

5　第2の源泉——理解の多様性

　理解プロセスを経て、結果として誤認が生じるのは、同一の広告表現であっても消費者によって判断が異なり、表示内容をいかなる意味として解釈するかに幅が存在するためである（Celsi and Olson, 1988）。すなわち「強調表示」と「打消し表示」を見た場合、消費者がレンジの中のどのレベルでそれらを理解するかによって、解釈に幅が生まれてくるのである。たとえば、広告内容を理解しようと意識を振り向ける場合、表層的で精緻化もほとんど行わない消費者と深く一生懸命考える消費者とでは、生成される意味内容の数や内容の抽象度という点でかなりの差ができてくる。これらが結果的に解釈の幅となり、同一の広告表現であっても、それらから誤認する消費者と誤認しない消費者とが出てくるのである。ここに誤認を生じさせる第2の源泉があると考えられる。ここではこれを「理解依存型誤認」と呼んでおくことにしよう。このタイプの誤認は、消費者が各レンジの中のどのレベルで理解を行うかに依存しているためである。

　どのレベルで消費者が理解を行っているかを規定するひとつの要因としては先にみた関与があげられる（Greenwald and Leavitt, 1984）。一般的に低関与の消費者は、自動的、表

層的、低精緻化の理解プロセスを通るといわれている。すなわち、簡単に理解できる情報を好み、情報の背後にある意味までは理解しようとせず、自身の既存知識とのすり合わせなどもほとんど行われないといった具合である。逆に高関与の消費者は、意識的、深層的、高精緻化の理解プロセスを通過する傾向が高い。すなわち、理解が困難な情報であってもあえてそれを理解しようと努め、情報の背後にある意味合いまで深く理解し、自身の既存知識と関連づけながら懸命にその情報について熟慮する。

しかしながら、これはひとつのパターンにすぎない。第2節の消費者情報処理モデルのところで説明したように（図表1参照）、消費者の既存知識が理解プロセスに対して影響を与えていることを考慮すると、高関与や低関与の消費者が、常にこの組み合わせで理解プロセスを行っているとは限らないためである。以下では節を変えて、消費者が有する既存知識の量によって消費者を分け、その特徴を述べたうえで、誤認に関するインプリケーションを提示していくことにしよう。

6　理解できる消費者、できない消費者

パソコン、コスメ、海外旅行など、何かについてとても詳しい友人や知人は周りにいないだろうか。こうした消費者は購買経験が豊富だったり、普段から情報を収集したりして、日々、自身の知識をブラッシュアップしているものである。こうしたことを繰り返すことで、彼らの知識は構造化（体制化）されたものとなり[3]、情報を迅速かつ上手く処理できるようになっていく。専門用語では、既存知識が豊富な消費者を「エキスパート（expert）」、これが乏しい消費者を「ノービス（novice）」と呼んでいる。また、ある情報に接触した時、エキスパートはその知識量から、深く精緻なレベルで理解することが可能であるが、ノービスは浅く非精緻なレベルでしか理解することができないことも指摘されている（Alba and Hutchinson, 1987）。

前節では、一般的には低関与の消費者が自動的、表層的、低精緻化、高関与の消費者が意識的、深層的、高精緻化の理解プロセスを通るが、必ずしも常にこの組み合わせで理解プロセスが行われるとは限らないと述べた。これは、図表3に示されているように、消費者がもつ既存知識の量によって、理解したくてもできない、理解できるのにしないといった場合が想定できるためである。

---

[3] 典型的には、スキーマ（schema）やスクリプト（script）などがある。

III 誤認する消費者、しない消費者 6 理解できる消費者、できない消費者

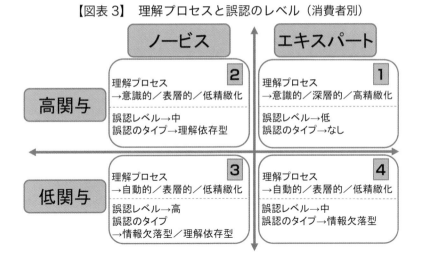

【図表3】 理解プロセスと誤認のレベル（消費者別）

　セル1（高関与／エキスパート）は、広告内容を理解しようと思うし、実際に理解できる消費者である。仮に「打消し表示」の内容が複雑で専門的な用語が並んでいても、基本的にはそれらに意識を振り向け、十分に深く理解することができる。したがって、4つのセルの中ではもっとも誤認が少なく、正しく理解する消費者が多いと考えられる。よって、このタイプの消費者への対応は、十分な理解を促進するために具体的で詳細な情報を「打消し表示」において提示することが求められるであろう。

　このセル1に対置されるのが、セル3（低関与／ノービス）である。彼らは、そもそも広告内容を理解したいとは思っておらず、また実際に理解もできない消費者である。4つのセルの中では、もっとも理解レベルが浅い消費者であり、また理解できないこと自体、あまり気にかけないという特徴を有している。このセル3での誤認は、「情報欠落型誤認」および「理解依存型誤認」の両方が起こりうる。消費者の関与が低いため、目に入ってくる「強調表示」ならば処理されることもあるだろうが、目立たない「打消し表示」は高い確率で見過ごされることが想定される。また、仮に「打消し表示」に気がつき、情報処理プロセスが開始されたとしても、浅く非精緻なレベルでしか理解できない。そのため、他のセルに比べると、誤認が生じる可能性はもっとも高くなる。このように、このセルの消費者は全般的に広告の中にあるわかりやすい内容のものだけを頼りに理解を終わらせる傾向があることから、「打消し表示」に気づかせる工夫だけでなく、内容的にもわかりやすくシンプルなものにしていく必要がある。

　セル2（高関与／ノービス）は、広告内容を理解したいとは思いつつも、実際には理解できない消費者である。広告内容が難解であっても、関与水準が高いだけに意識的にそれらを理解しようと努力する。しかし既存知識の少なさから、その理解は不十分なものに終わってしまうという特徴を有している。彼らは「強調表示」と「打消し表示」にきちんと目を通すことが予想されるため「情報欠落型誤認」はほとんど起こらない。誤認が生じるとすれば、それは既存知識の少なさゆえに生じる「理解依存型誤認」の方である。そのため、「打消し表示」も、より詳細でわかりやすい説明を入れるなどして、彼らの理解を助

165

ける工夫をすることが必要になるであろう。

　セル2の消費者に対置されるのが、セル4（低関与／エキスパート）である。彼らは広告内容を理解できるのに、あえて理解しようとしない消費者である。このセルの消費者が誤認する場合は、そのほとんどが「情報欠落型誤認」である。低関与であるため「打消し表示」自体を探す努力をほとんど行わないことがその理由である。したがって、このセルの消費者には、「打消し表示」に気がつかせる工夫はもちろんのこと、処理する情報量が少なくてすむよう「打消し表示」の内容もシンプルにしておく必要がある。しかし「打消し表示」に気がつき、それを理解しようとすれば十分に理解できる能力も同時に持ち合わせていることから、シンプルなものだけではなく、より具体的な内容が書かれた「打消し表示」も混在させておく必要がある。もしこのセルの消費者を「打消し表示」に誘導することができれば、どのセルの消費者よりも誤認を防ぐことができる可能性が高いことから、「打消し表示」を見る必要性をより強く訴求していくことが求められるであろう。

7　むすび

　本稿では、誤認を生じさせている源泉を2つに区分して、その内容を整理した。第1の源泉は、「打消し表示」を見ないことによって誤認してしまう「情報欠落型誤認」であった。「打消し表示」の文字が小さすぎたり、色が薄すぎたりするなど、物理的に消費者が「打消し表示」を認識しにくいケース、消費者の情報処理能力の限界から「打消し表示」を処理できないケース、そしてそもそも消費者が「打消し表示」を見ようとしないケースの3つが識別された。いずれも消費者は「強調表示」だけを頼りに情報処理を行うため、結果として誤認が発生する可能性が高まるというものであった。

　第2の源泉は、「打消し表示」に気がつき、それらを理解する情報処理プロセスが行われていたとしても、その表示に関して消費者がどの程度の理解を行うかによって誤認する可能性が出てくる「理解依存型誤認」であった。「打消し表示」の内容を理解しようと思うかどうか、そして実際に理解可能かどうかによって、消費者を4つのセルに分け、それぞれの消費者がいかなる誤認を起こしやすいかについて言及した。また4つのセルごとに広告表示に関するインプリケーションが提示された。

　誤認自体がもつ多様性によって、何が誤認で何が誤認ではないかの境界は非常に曖昧である。そのため、景品表示法に抵触しない唯一最善の方法を示すことはもちろんできないが、4つのセルの特徴とそれぞれに対するインプリケーションを提示したことで、どのような状況下でなぜ消費者が誤認するのかを企業が理解する際のフレームワークを提供できたと考えている。

　最後に、今後の課題として「体験談に係る打消し表示」について言及しておくことにする。化粧品やサプリメントなどの広告には、「個人の感想です」、「効果には個人差があります」などの「打消し表示」が多く配置されている。こうした製品カテゴリーの場合、効果・効能を実感するまでに時間を要するという点と、効果・効能を得られたか否かに関する評価は個人によってばらつきがあるという点が、「打消し表示」を伴う他の広告のタイ

プとは根本的に異なっている。他者の体験談をどの程度信じるかは、口コミの内容をどの程度参考にするのか、どのような消費者から発せられた口コミならば信頼するに足りるのかなど、口コミの研究領域における研究知見が援用できる可能性がある。また痩身や美容などは、どのような自分になりたいのか、何を利用して自分を表現しようとしているのかなど、自己呈示や自己アイデンティティといった研究領域と関連する部分が多くある。このように、これら体験談型の「打消し表示」に関しては、本稿で使用された視角とは別の研究視角が必要になってくると考えられる。今後は、こうした観点から研究を進めていくことが求められるであろう。

【参考文献】

Alba, Joseph W., and J. Wesley Hutchinson (1987), "Dimensions of consumer expertise." *Journal of Consumer Research* 13.4, pp. 411-454.

Boush, David M., Marian Friestad, and Peter Wright (2009), *Deception in the marketplace: The Psychology of Deceptive Persuasion and Consumer Self-Protection*. Routledge.（安藤清志・今井芳昭 監訳、『市場における欺瞞的説得―消費者保護の心理学』、誠信書房、2011 年）

Celsi, Richard L., and Jerry C. Olson (1988), "The role of involvement in attention and comprehension processes." *Journal of Consumer Research* 15.2, pp. 210-224.

Greenwald, Anthony G., and Clark Leavitt (1984), "Audience involvement in advertising: Four levels." *Journal of Consumer Research* 11.1, pp. 581-592.

Jacoby, Jacob, and Wayne D. Hoyer (1987), *The comprehension and miscomprehension of print communication: Investigation of Mass Media Magazines*. Routledge.

Malhotra, Naresh K. (1982), "Information load and consumer decision making." *Journal of Consumer Research* 8.4, pp. 419-430.

Peter, J. Paul, and Jerry C. Olson (2004), *Consumer Behavior and Marketing Strategy* 7th ed., McGraw-Hill Irwins, NY.

Ⅳ 打消し表示に関する実態調査について

東京経済大学現代法学部教授・弁護士　村 千鶴子

1　はじめに

　景品表示法の目的は、一般消費者による自主的かつ合理的な選択を阻害するおそれのある行為の制限及び禁止をして、一般消費者の利益を保護することにある（景品表示法1条の趣旨）。そして、表示についての規制としては、一般消費者に現実より「著しく優良」と認識される優良誤認表示や「著しく有利」と認識される有利誤認表示などを不当表示として禁止している。この場合の優良誤認、有利誤認の基準は、一般消費者に誤認させる恐れがあるかないかである。

　表示の方法や内容は、技術革新・ビジネスモデルやライフスタイルなどの変化により、多様化している。表示や広告の手段を見ると、古くからある紙ベースのものに加えて、高齢者にはテレビショッピングや、すべての年代を対象とするスマホによる通信販売での商品やサービスなどの広告が生まれるとともに、急速に利用が広がっているなどの大きな変化がある。特に、スマホによる通信販売については利用者の増加に伴いすべての年齢層にわたって、消費者被害が多発するようになっており、年々増加し続けている実情にある。こうした状況の中で、一般消費者のスマホの表示の見方は、スマホの特徴や消費者のスマホの利用実態から見ると、従来の紙ベースを主体とした表示の見方とは違うのではないかという疑問も抱かれるようになっている。

　また、販売される商品やサービスの多様化、あるいは契約形態の多様化により、表示内容も変化している。たとえば、打消し表示の多様化などはその典型例であるといえよう。

　このような変化に伴って、一般消費者にとってどのような表示が分かりやすいか、どのような表示が消費者に誤認を与えるものか、という視点は常に一般消費者の実態を踏まえて適切にブラッシュアップして更新することが求められる。

　最近では、通信販売をめぐるテレビ広告やスマホによる通信販売に関する苦情が増えている。たとえば、2015年ころからサプリメントなどの通信販売でいわゆる定期購入トラブルが爆発的に増加した例を挙げることができる。定期購入トラブルとは、通常価格が数千円から一万円程度のサプリメントなどを「今ならお試し価格〇百円で購入できる」と大きく派手な目立つ形で表示し、消費者がお試し価格で一個だけ購入するつもりで注文すると、翌月からも数か月にわたり正式の価格で商品が届くというものである。お試し価格で一個だけ購入するつもりだった消費者が、何かの間違いではないかと事業者に問い合わせる。これに対する事業者の説明は、「お試し価格で購入できるのは、数カ月間の定期購入（継続的な購入）が条件となっている」というもので、中途解約や返品制度はない、あるい

は中途解約は認めるもののきわめて高額な違約金条項が定められており、高額な違約金を請求されるなどというものである。

　定期購入トラブルにも様々な表示内容のものがあるが、多く見られたのは次のようなものである。広告表示を最初から最後まで丁寧に見ていけば、隅に小さく、あるいは最後の部分に小さく、あるいは「お試し価格」と表示されている大きな派手で目立つ色の表示の下方部分に、ごく小さく薄い色で、「数か月間の定期購入である」ことが明示されている。あるいは、お試し価格との強調表示の部分にコンバージョンボタンがあり、消費者はコンバージョンボタンをタップすることにより定期購入の表示を見る機会がないままに注文できる仕組みとなっているものもあった。事業者の言い分は、「広告表示を最初から最後まで、隅々までよく見れば定期購入が条件となっていることは表示してある。契約は契約だ。」というものが少なくなかった。消費生活センターなどで表示画面を確認してみると、確かに定期購入が条件であることは表示がされていないわけではないことが確認できるものの、同一画面であっても強調表示から離れた隅に小さく、あるいはずっとスクロールした最後のほうにごく小さな文字で表示されたものなどを、消費者が確認することが期待できるものかは疑問視されていた。

　以上の定期購入トラブルの事例は、典型的な打消し表示に関わる問題であるとともに、スマホ表示に関わる問題でもあったのである。

2　打消し表示

(1)　景品表示法の表示の考え方

　景品表示法で対象となる表示内容は、表示物上の個々の表示内容ではなく、表示物全体を総合的に勘案して得られる一般消費者の認識であるとされる。

　そして、ある商品やサービスが消費者にメリットをもたらすものの、一方では消費者の知らないデメリットをもたらす場合、表示されたメリットの内容がそれだけを見れば真実であったとしても、デメリット事項が隠されたままであれば、消費者は表示全体からデメリットは存在しないものと認識することになれば、その商品などが実際のものよりも著しく有利又は優良と誤認する場合がありうるので、このような場合にはデメリット表示が不当表示に該当する場合がありうるとする（このような考え方は、例えば「比較広告に関する景品表示法の考え方」昭和62年4月21日で指摘されているところである）。同比較広告ガイドラインでは「……主張する長所と不離一体の関係にある短所について、これを殊更表示しなかったり、明りょうに表示しなかったりするような場合には、商品全体の機能、効用等について一般消費者に誤認を与えるので、不当表示となるおそれがある」とする。(ガイドライン5(3))。

(2)　平成20年報告書

　公正取引委員会が平成20年6月に公表した「見にくい表示に関する実態調査報告書」

第4章　打消し表示に関する実態調査に係る研究会委員による考察・評価

では、見にくい表示として「打消し表示」があることを指摘するとともに、打消し表示とは、「一般消費者が強調表示からは通常は予期できない事項（例えば、例外条件、制約条件、追加的な費用を要する旨、特定の原材料が使用されているかのような表示をしているが実際には含まれていない旨等）であって、一般消費者が商品・サービスを選択するに当たって重要な考慮要素となるものの表示」と定義している。そして、打消し表示が明りょうでなければ不当表示にあたると指摘したうえで、打消し表示について、その内容・見やすさの両方において明りょうであることが必要だとする。

(3)　強調表示と打消し表示

今回、消費者庁が行った実態調査では、平成20年報告書をもとに次のように整理している。

広告表示における強調表示については、「事業者が商品やサービスを提供するに当たり、消費者に対して特にアピールしたいその特徴などをわかりやすくかつ印象深く表示するもので、消費者がその商品やサービスを購入したり利用したりするかどうかを決める際に大きな要素となる。」（大元慎二編著『打消し表示の実態と景品表示法の考え方』（商事法務、2017））。

打消し表示とは、「強調表示がなされた訴求事項について、消費者がその強調表示から得る認識と実際のものとが大きく異なることとなるような消費者の商品選択を左右する制約条件がある場合には、その点も明確に表示されていなければならない。」（同上、はしがき）とし、強調表示と対をなす上記表示を「打消し表示」としている。

(4)　打消し表示の在り方

以上からすれば、強調表示と打消し表示は、不離一体の関係にあるものであり、表示全体として、その内容・見え方など一般消費者にとって明りょうであることが求められ、明りょうといえない場合には不当表示となることは明らかであるといえよう。

今回の実態調査は、こうした景品表示法の考え方を踏まえて、具体的に消費者1000名のアンケート調査・グループインタビューに加えて、アイトラッキングの手法を用い、調査結果の分析にあたっては認知心理学の知見も活用して一般消費者の打消し表示の見方の実態を分析したものであり、画期的なものというべきである。

たとえば、テレビコマーシャルなどの人物などの動画・文字情報・音声を伴う表示では三種類の方法で情報が消費者に提供されるという複雑なものである。こうした表示の在り方については、二点のことが明らかとなったといえる。第一点は、文字情報で打消し表示がなされていても、表示時間がごく短い場合には、読み取るだけの時間的余裕がなく一般消費者が打消し表示を認識することはできないことが明らかとなったことである。映像で文字情報を表示していたとしても、一般消費者が認識することができないのであれば、表示されていないのと同じことである。第二点は、人物などの動画映像・音声・文字情報の三種類の情報が同時に提供されている場合には、消費者は、音声と動画からの情報の認知は得られるものの、文字情報を認知することはほとんど困難であるということである。一

般消費者にとっては、情報の認知のうえでは、音声と動画の組み合わせによるものに気を取られるという傾向があり、動画と音声とは異なる内容の文字情報が同時に表示されていても、ほとんど認知することは難しく、認知心理学からも妥当する結果であるということである。

　新聞などの紙ベースの場合には、強調表示は派手な色で大きな文字を使い、打消し表示は黒、あるいは淡い色や中間色などの目立たない色で強調表示と比較するときわめて小さな文字であることが多い。中間色の目立たない小さな文字はほとんど視線も向かず、認知できないばかりでなく、白地に黒というコントラストの強い表示であっても、強調表示とのバランスが悪い小さな文字の場合にも、表示を見ている消費者の視線は打消し表示には留まることはなく情報として認知されることはなかった。強調表示と打消し表示とを消費者に認識できるように表示するためには、それぞれの文字のサイズ・色・背景の色や絵柄などのほかに、双方の文字の大きさや色のバランスに配慮しなければならないことが明らかとなったといえる。

　打消し表示と強調表示が一体であることからすれば、同じレベルで消費者に認知される必要があることは当然であり、打消し表示も強調表示と同程度の文字サイズ、目立つ色である必要があり、音声・映像などの複数の手法で表示をする場合には、打消し表示も強調表示と同様に音声でも表示をする必要があるということである。

3　スマホ表示

(1)　スマホの表示の特徴

　スマートフォンの普及が急速に進み、消費者が商品・サービスなどに関する表示に接する手段として、スマホを日常的に利用するようになっている。このように現在では、消費者にとって日常的な身近なものになっているスマホであるが、スマホの表示には紙ベースの表示などと比較すると、下記のような特徴がある。

① 　表示画面が小さく、縦に長い。したがって、表示を見る場合には狭くて長い画面を読んでいく必要がある。
② 　表示画面が小さいことから、全体的に文字が小さく、読みにくい。ことに長い表示はきわめて読みにくい。
③ 　画面が小さいことから、アコーディオンパネル、コンバージョンボタン、リンクを張って別ページに飛んで詳しい情報を読めるようにする、などの技術的な工夫がされている。
④ 　利用者が、画面をスクロールしながら読む。
⑤ 　スマホを横にする、画面を指で拡大する、などの操作により、画面や文字を拡大して読むことができる。
⑥ 　逆に言えば、スマホの表示では、紙ベースの表示に対する規制のように「表示に使用する文字のサイズを規制する」手法はとることができない。あるいは意味がない。

以上のようなスマホの特徴は、スマホの出現する以前の表示とは大きく性格が異なるものである。スマホの画面が小さく、その結果使用される文字もきわめて小さい。画面が小さいために、長い文章は読みにくい。こうした欠点を補うために、アコーディオンパネルや詳しい説明を見たい人のためにリンクを張って別ページに飛ぶことができるようにして、さらに詳細な説明や情報にアクセスすることができるようにする、などはスマホ画面の持っている制約や限界を補うための技術的な工夫であるということができよう。

　コンバージョンボタンは、別ページに飛ぶための技術である。通信販売では、表示画面の途中でも、コンバージョンボタンをタップすることによって申し込み画面に飛ぶことができるようにしてある場合がある。広告表示画面の途中でコンバージョンボタンをタップすることによって、その後の表示をすべて見ないで飛ばしてしまって申し込みができる仕組みとなっているわけである。こうすることによって、長々とした広告表示を見たくない消費者は、自分が見たい広告表示部分だけを見て契約の申し込みができるというメリットがある。しかし一方では、広告表示の途中で申し込み画面に飛んでしまうため、消費者が見た広告表示の次に、商品や契約内容にかかわる重要な内容に関する表示がなされていた場合には、重要な情報を知らないままに契約の申し込みをする結果となるというデメリットがあるということも意味する。しかも、このようなデメリットがあることについては、消費者には、何も知らされないままということである。

　一方で、スマホの画面は、狭いことから、利用者は表示を見るためには自分でスクロールしつつ見ていくことになる。アコーディオンパネルを見るかどうか、コンバーションボタンをタップするかどうか、画面を拡大したり、スマホを横にしたりして文字を拡大して丁寧に読むかどうか、といったことはすべて利用者に委ねられているということでもある。

(2)　消費者はスマホ表示をどのように見ているか

　それでは、消費者はスマホの表示をどのように見ているのだろうか。まず、消費者が、スマホでSNSやウエブページなどで様々な情報に接する場合には、自分が興味を持った部分だけをつまみ食い的に拾い読みをするのが通常の利用方法であることが指摘できる。では、商品情報を見る場合や通信販売の広告を見る場合には、消費者のスマホ表示の見方に違いはあるのだろうか。

　今回の実態調査は、消費者がスマホ表示をどのように見ているかについて、アンケートやインタビューなどの消費者の主観についての調査にとどまらず、アイトラッキングにより表示を見る視線がどのように動いているのか、また視線がどの表示にどの程度の時間とどまっているのか（つまり、表示内容を認識できるだけの時間、視線がとどまっているかどうか）に関するはじめての客観的な調査であった。

　調査の結果は、概要下記のようなものであった。

　消費者のスマホ表示への接し方は、商品情報や通信販売の広告表示を見る場合にも、「拾い読み」をしておりSNSやウエブページなどの表示の見方とほとんど違いはないこ

とが明らかとなった。たとえば、通信販売の広告だとわかっていても、丁寧に最初から最後まで、細かな表示まで丁寧に見る、という姿勢は見られなかった。しかも、相対的に文字が大きいもの、背後に埋もれていない鮮やかな色彩の表示、色鮮やかで目立つ表示、自分が興味を持っていることに関する情報を中心に拾い読みしていることが明らかとなった。相対的に小さな文字には視線はとどまらず、画面の隅や末尾近くの小さな表示には視線が全く行かないことがわかったのである。

また、表示を見ていく中で、コンバージョンボタンなどで別画面に飛んだ場合には、元の画面に戻ることはほとんど期待できないこと、画面を拡大したりスマホを横にしたりして文字を大きくしてよく読もうとする行動も見られないことが判明した。むしろ、表示画面をスクロールしながら拾い読みし、表示の途中でもコンバージョンボタンで申し込み画面に飛んで申し込みをし、飛んでしまった部分の表示は一切見ないという行動も見られたのである。

(3) 認知心理学の視点から

上記の消費者の行動は、認知心理学の視点からみて人間として当然といえるものであることも指摘された。ある表示を見て、その表示に関する詳しい説明を見るために別ページに飛んだ場合に、元のページに戻って続きを読むことがないのは、作業記憶のためであるという。次の情報を見ている間に作業記憶が失われれば、現在の情報を見る以前に見た情報との関連性が認識できないだけではなく、元の情報に戻るということもなくなるのは当然である。

作業記憶による表示の認識に対する障害は、スマホの打消し表示において、強調表示に※印をつけ、※印部分の解説と強調表示との間に、消費者にとって興味深い多様な情報を挟み込む場合には、強調表示と※の打消し表示との関連性が分からなくなるという事態をもたらす、という点でも同じことである。

(4) スマホ表示の在り方について

今回の実態調査によって、消費者がスマホ表示をどのように見ているか、消費者の表示の見方は認知心理学的にも説明できるものであることなどが明らかになった。

4 まとめ

表示は、表示の全体を見れば、大切なことはどこかに表示されている、丁寧に見さえすればわかるはず、ということで足りるものではない。一般消費者が、通常の表示の見方で見た場合に、契約の選択の判断を左右する重要な情報については、認識しかつ理解することができることが重要であり、事業者には当然に求められることである。たとえ、打消し表示が物理的には表示されていたとしても、その表示の方法や内容が、一般消費者にとって正しく認識することが容易でない場合には、表示されていないのと同じことである。

今回の実態調査は、一般消費者のスマホ表示の見方及び打消し表示の見方について、認

第4章 打消し表示に関する実態調査に係る研究会委員による考察・評価

知心理学も踏まえたはじめての調査であり、得られた知見はきわめて意義深いものである。これらの知見を活かして、一般消費者に分かりやすい表示の工夫がされることを期待したい。

資 料 編

資料編

打消し表示の実態調査の表示例①

【割引料金に関する強調表示（①、②）と打消し表示（①、②）の内容】
- 新生活応援割引キャンペーンで「18ヶ月間　月々320円割引！」との強調表示①に対し、他のサービスを利用中の人は割引対象外である旨等の打消し表示①が表示。
- 3種類の割引が適用された場合の割引料金（「実質月額3,980円」）を記載した強調表示②に対し、各種割引の期間等の適用条件を記載した打消し表示②が表示。

※ **割引料金及び割引期間について、表示から認識される内容は179ページを参照）。**

打消し表示の実態調査の表示例①

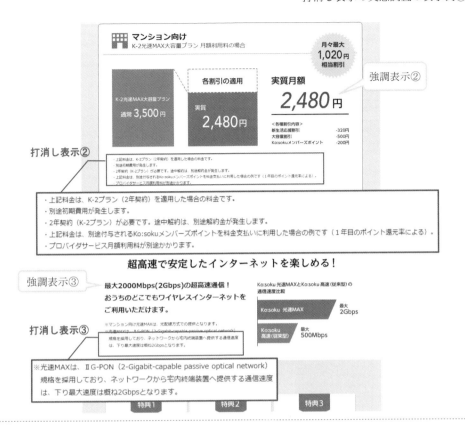

【通信速度に関する打消し表示③の趣旨】
- 「最大2000Mbps（2Gbps）の超高速通信！」との強調表示③に対し、当該通信速度はネットワークから宅内終端装置までの速度であるという趣旨で「※光速MAXは、Ⅱ G-PON(2-Gigabit-capable passive optical network)規格を採用しており、ネットワークから宅内終端装置へ提供する通信速度は、下り最大速度は概ね2Gbpsとなります。」との打消し表示③が表示されている。
- 一般に、家庭でインターネットを利用する際の通信速度は、ネットワークから宅内終端装置までの速度と比べて低下し、宅内終端装置のスペック等によって大幅に低下することがある。このことから、上記の打消し表示③の趣旨を踏まえると、強調表示③にある「最大2000Mbps（2Gbps）」との通信速度は、実際に家庭でインターネットを利用する際の通信速度ではないことになる。

【打消し表示の内容が分かりにくい点】
- 打消し表示中に一般的に「宅内終端装置」等のスペック等の利用環境によって家庭でインターネットを利用する際の通信速度が変わることが明示されていないことからも、この表示のみから「ネットワークから宅内終端装置へ提供する通信速度」と家庭でインターネットを利用する際の通信速度とが異なることを認識することが難しい。

177

資料編

◎割引料金及び割引期間について、表示から認識される内容（強調表示①、強調表示②、打消し表示②）

【割引料金の金額】（強調表示②から認識される内容）

(ⅰ)K－2光速MAX大容量プラン（K－2プラン）に加入することで、「大容量割引」（500円引）が適用される。

(ⅱ)上記の「大容量割引」とは別に2種類の割引が存在し、期間限定の新生活応援キャンペーンにより「新生活応援割引」（320円引）が適用される他、会員になった場合は別途「Ko：sokuメンバーズポイント」による割引」（200円引）の適用を受けることができる。

(ⅲ)上記(ⅰ)及び(ⅱ)の3種類の割引が全て適用された場合、通常月額5,000円が月々1020円相当割引により実質月額3,980円となる。

【強調表示②】

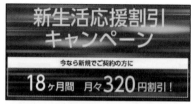

【割引の期間】（強調表示②及び打消し表示②から認識される内容）

　本契約における3種類の割引のうち、

(ⅰ)キャンペーンによる「新生活応援割引」（320円引）は、「18ヶ月間」適用される（強調表示①）。

(ⅰ)K－2プランに加入することで適用される「大容量割引」（500円引）は、契約期間である「2年間」適用される（打消し表示②）。

(ⅲ)「Ko：sokuメンバーズポイントによる割引」（200円引）は、1年後からポイント還元率が変更となる（打消し表示②）。

【強調表示①】

【打消し表示②】

- 上記料金は、K-2プラン（2年契約）を適用した場合の料金です。
- 別途初期費用が発生します。
- 2年契約（K-2プラン）が必要です。途中解約は、別途解約金が発生します。
- 上記料金は、別途付与されるKo:sokuメンバーズポイントを料金支払いに利用した場合の例です（1年目のポイント還元率による）。

◎割引料金及び割引期間について、表示内容が分かりにくい点

　以上の割引料金及び割引期間の内容を整理すると、下記のとおり、最短で1年後には「Ko:sokuメンバーズポイントによる割引」の金額が変更となることから、全ての割引が適用された料金である「実質月額料金3980円（=5000円－320円－500円－200円）」も1年後に変更となることになるが、そのことを表示から認識することは困難であると考えられる。

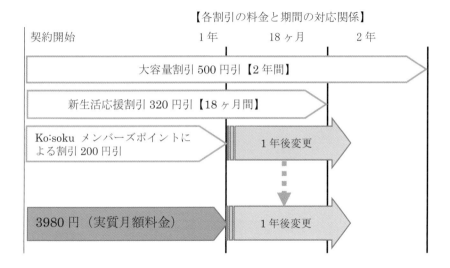

【各割引の料金と期間の対応関係】

　表示内容が分かりにくい点として、強調表示①において、キャンペーンによる「新生活応援割引」（320円引）の適用期間（18ヶ月間）が明瞭に表示されている一方、他の2種類の割引については適用期間が打消し表示に分かりやすく記載されていないため、各種割引と適用期間の対応関係を理解することが困難である。このため、表示全体から誤認する場合として、例えば、2年契約に加入した際、最初の18ヶ月間は全ての割引が適用された「実質月額料金3,980円」が変わらないと誤認されるおそれがある。

資料編

打消し表示の実態調査の表示例②
（視線調査でも使用した表示例（動画広告））

【動画中に登場する複数の強調表示及び打消し表示の内容】
- 時間や場所の制約なくインターネットを利用できる旨の強調表示①に対し、一部地域がサービス供給区域外であるという趣旨の打消し表示①が表示。
- セット料金が5,480円という強調表示②に対し、別途インターネット契約を結び必要がある旨の打消し表示②、契約事務手数料等の追加料金が発生する旨の打消し表示③が表示。
- 打消し表示③は、インターネット月額料金の強調表示③に対する打消し表示でもある。

【打消し表示の表示方法の確認ポイント】
・打消し表示が含まれる画面の表示時間
・複数の場面で内容の異なる複数の強調表示と打消し表示が登場する場合

打消し表示①

打消し表示②

打消し表示③

打消し表示の実態調査の表示例③

【強調表示及び打消し表示の内容】
「新規ご契約者の中から抽選で豪華賞品をプレゼント」との強調表示に対し、新規契約とは別の条件として「MYページ」に登録する必要がある旨等の打消し表示が表示。

【打消し表示の表示方法の確認ポイント】
・ 打消し表示の文字の大きさ
・ 強調表示と打消し表示が1スクロール以上離れている場合

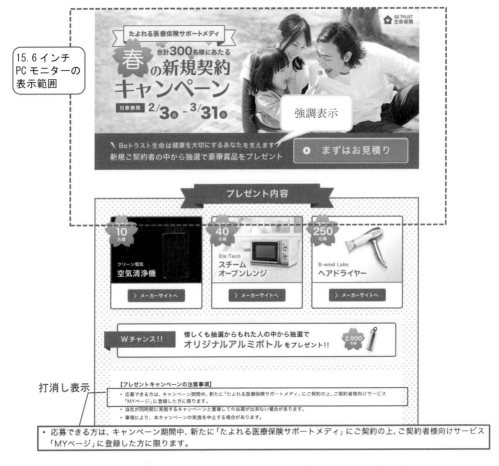

・ 応募できる方は、キャンペーン期間中、新たに「たよれる医療保険サポートメディ」にご契約の上、ご契約者様向けサービス「MYページ」に登録した方に限ります。

資料編

打消し表示の実態調査の表示例④
（視線調査でも使用した表示例（動画広告））

【強調表示及び打消し表示の内容】
新規契約者限定でポイントが提供される旨の強調表示に対し、別途条件として「スマホ超割に加入する必要があります」との打消し表示が表示。

【打消し表示の表示方法の確認ポイント】
※動画開始後11秒～13秒に表示される画面
・ 打消し表示の文字の大きさ
・ 打消し表示の配置箇所
・ 打消し表示が含まれる画面の表示時間
・ 音声等による表示の方法

【音声】
「大型ディスプレイを搭載」

【動画開始後2秒～4秒に表示される画面】
※視線調査では、パターン③の画面（「文字のみの表示」、「音声のみの表示」及び画像が含まれる画面）として分析している。

【動画開始後4秒～8秒に表示される画面】

【音声】
「COSMO d1　デビュー」

【動画開始後8秒～10秒に表示される画面】
※視線調査では、パターン②の画面（「文字と音声の表示」及び画像が含まれる画面）として分析している。

【音声（強調表示）】
新規契約で5万円プレゼント

強調表示

打消し表示

【動画開始後11秒～13秒に表示される画面】
※視線調査では、パターン①の画面（「文字と音声の表示」及び「文字のみの表示」が含まれる画面）として分析している。

打消し表示の実態調査の表示例⑤
(視線調査でも使用した表示例(動画広告))

【強調表示及び打消し表示の内容】
スーツが4割引である旨の強調表示に対し、「※20,000円以上の商品に限ります。」との打消し表示が表示。

【打消し表示の表示方法の確認ポイント】
※動画開始後13秒～15秒に表示される画面
・ 打消し表示の文字の大きさ
・ 打消し表示と背景との区別
・ 打消し表示が含まれる画面の表示時間
・ 強調表示と打消し表示が別の画面に表示される場合

【動画開始後～2秒に表示される画面】
※視線調査では、パターン④の画面(「文字のみの表示」、「文字と音声の表示」及び画像が含まれる画面)として分析している。

【動画開始後2秒時点で表示される画面】

【動画開始後8秒～10秒に表示される画面】
※視線調査では、パターン②の画面(「文字と音声の表示」及び画像が含まれる画面)として分析している。

【動画開始後13秒～15秒に表示される画面】
※視線調査では、パターン④の画面(「文字のみの表示」、「文字と音声の表示」及び画像が含まれる画面)として分析している。

資料編

打消し表示の実態調査の表示例⑥

【強調表示(体験談)及び打消し表示の内容】
- ダイエットサプリの広告において、商品に配合された成分の瘦身効果を説明する解説と共に、「毎日たった2錠飲むだけ」、「お腹周りがスッキリした」、「カロリーを気にせず食べられる」、「あきらめていた服が入った」といった4人の体験談が表示。
- 体験談に対して「個人の感想です。効果には個人差があります。」との打消し表示が表示。

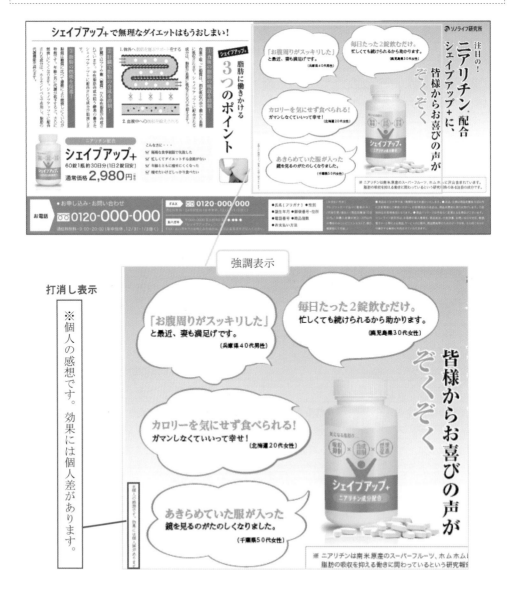

スマートフォンの調査の表示例①
（視線調査でも使用した表示例）

【打消し表示の表示方法の確認ポイント】
・アコーディオンパネルに打消し表示が表示されているか
・強調表示と打消し表示の距離

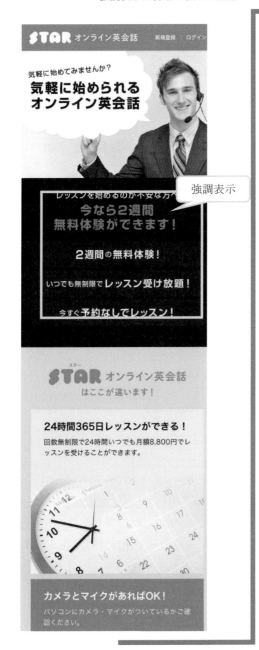

強調表示

※「よくある質問」の全ての項目の回答が表示されていない状態。
打消し表示の内容は次頁。

資料編

【アコーディオンパネルの仕組み】
質問項目の「ラベル」をタップした際、アコーディオンパネルに各項目の回答が表示。

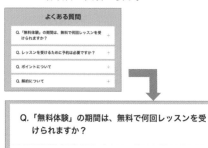

【打消し表示の趣旨】
- 予約なしで、いつでもレッスンを受講できる旨の強調表示に対し、混雑している時間帯で、空いている講師がいない場合、予約なしでレッスンを受講することはできないという趣旨で「なお、混雑状況に応じて、予約レッスンのみの受け付けとなる場合があります。」との打消し表示が表示。
- 最初の２週間は無料との強調表示に対し、当該期間も予約をするためにはポイントが必要であるという趣旨で「予約にはポイントが必要となります。」との打消し表示が表示。
- さらに、無料体験の期間であっても、ポイントの購入には費用がかかるという趣旨で「ポイントはサイトで追加購入が可能です。」との打消し表示が表示。

以上の内容を踏まえると、無料体験の期間も、混雑していて空いている講師がいない場合、ポイントを購入して予約しておかないとレッスンを受講できないことになる。

【打消し表示の内容が分かりにくい点】

「混雑状況に応じて、予約レッスンのみの受け付けとなる場合があります。」との打消し表示は、表示中の「混雑状況に応じて」が、空いている講師がいない混雑している時間帯があることを意味していることが分かりにくい。また、この意味を理解した上で、表示中の「予約レッスンのみの受け付けとなる場合があります」から、受講する時に空いている講師がいた場合に限り、予約をしないでレッスンを受けられることを理解することも困難である。

また、「予約にはポイントが必要となります。」との打消し表示は、無料体験の期間においても予約してレッスンを受けるためにはポイントが必要であることや、ポイントの購入に追加料金がかかることが明瞭に表示されていなかったために、無料体験の期間であっても、予約してレッスンを受ける場合は無料とならないことを理解することが困難である。

スマートフォンの調査の表示例②
（視線調査でも使用した表示例）

【取引条件（コース体系）】

コース名	価格（税込）	引渡し時期／袋数
(ⅰ)通常コース（単品）	通常価格2,800円	1回1袋のみ
(ⅱ)定期コース	2,520円	毎月／1袋
(ⅲ)トクトクコース	初回1,680円　2回目以降2,000円	毎月／1袋
	初回2,240円　2回目以降3,600円	2か月ごと／2袋
	初回3,360円　2回目以降6,000円	4か月ごと／4袋

【「定期コース」の取引条件に関する強調表示及び打消し表示の内容】
- 「定期コース」は「いつでも」解約できる旨の強調表示（①及び②）に対し、強調表示①に隣接した箇所に、一部の者は例外である旨の打消し表示①が表示。
- 強調表示①及び②とは別の画面に、解約時期に制約がある旨の打消し表示②が表示。

※「トクトクコース」の強調表示及び打消し表示は189頁　打消し表示③を参照。

【表示例②ページⅰ】　　　【表示例②ページⅱ】

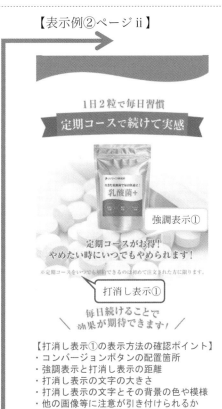

資料編

【表示例②ページⅲ】

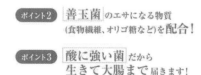

【表示例②ページⅳ】

【打消し表示②、③の表示方法の確認ポイント】
・コンバージョンボタンの配置箇所
・強調表示と打消し表示の距離
・打消し表示の文字の大きさ
・打消し表示の文字とその背景の色や模様

スマートフォンの調査の表示例②（視線調査でも使用した表示例）

【表示例②ページⅴ】　　　　　【表示例②ページⅵ】

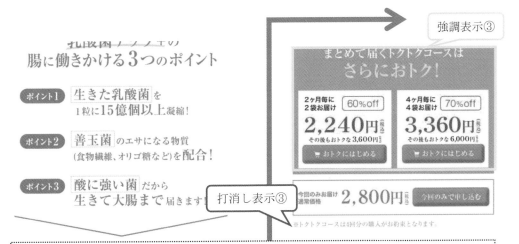

【「トクトクコース」の取引条件に関する打消し表示の趣旨】
- １回に届く袋数にかかわらず４回分の購入が必要であるという趣旨で「※トクトクコースは４回分の購入がお約束となります。」との打消し表示③が表示。
- このことから、例えば、４か月ごとに４袋届くコースを解約するためには、４回分の購入で合計16袋購入する必要があり、最低21,360円（税込）の支払いが必要である（内訳：初回3,360円＋２回目以降6,000円×３回）ということになる。

【「トクトクコース」の取引条件に関する打消し表示の内容が分かりにくい点】
- 例えば、「４ヶ月毎に４袋お届け　3,360円」との強調表示では「袋」の単位が用いられているが、上記の打消し表示上中では「回」の単位が用いられていたため、それらの単位を混同しやすいこと等が考えられる。

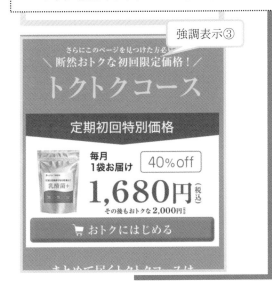

資料編

【表示例②ページⅶ】　　　　　　（図表　コンバージョンボタンの仕組み）

「申し込む」
「はじめる」
ボタンを
押すと

「ご注文
フォーム」へ
ジャンプ

スマートフォンの調査の表示例③

【購入特典 DVD に関する強調表示及び打消し表示の内容】
- 購入特典として DVD が付いてくるという旨の強調表示①に対し、当該特典は初回購入者に限られる旨等の打消し表示①が表示。

【表示例③ページⅰ】　　　　　　　　【表示例③ページⅱ】

強調表示①

打消し表示①

【打消し表示①の表示方法の確認ポイント】
・コンバージョンボタンの配置箇所
・打消し表示の文字の大きさ
・打消し表示の文字とその背景の色や模様
・他の画像等に注意が引き付けられるか

資料編

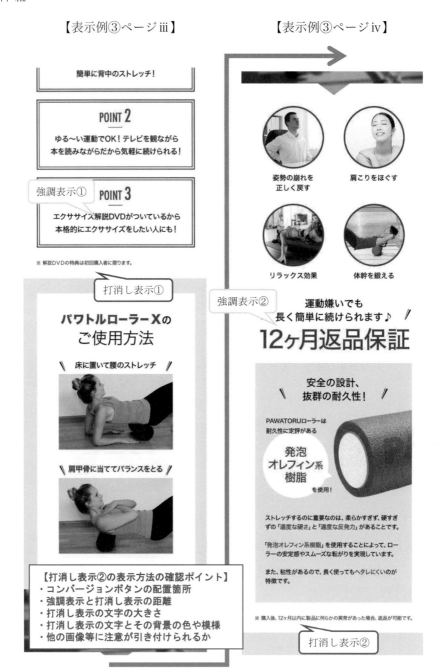

【表示例③ページⅲ】　　【表示例③ページⅳ】

【返品保証に関する強調表示及打消し表示の内容】
・ 購入から12か月以内であれば返品が可能であるという旨の強調表示②に対し、商品に異常があった場合に限り返品が可能である旨の打消し表示②が表示。

スマートフォンの調査の表示例③

【表示例③ページv】　【表示例③ページvi】

資料編

【図表】コンバージョンボタンの仕組み

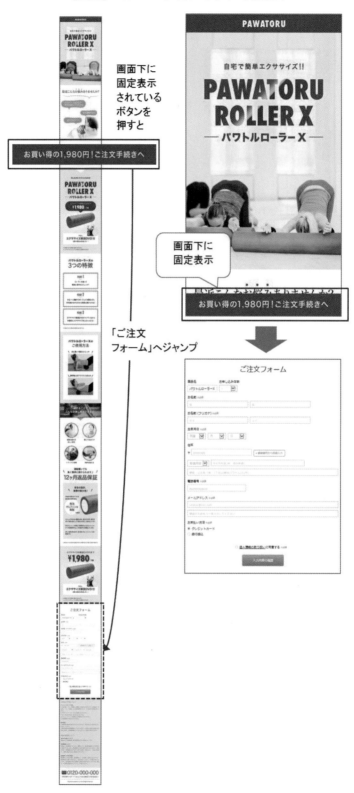

スマートフォンの調査の表示例④
（視線調査でも使用した表示例）

【強調表示及び打消し表示の内容】
- 割引の適用された月額料金を記載した強調表示①に対し、当該料金が12か月間のものであり、13か月目以降は割引の一部が適用されないこと等の打消し表示①が表示。
- 通話料が無料との強調表示②に対し、一部、無料の対象外がある旨の打消し表示②が表示。

【表示例④ページⅰ】

【表示例④ページⅱ】

資 料 編

【表示例④ページiii】　　　　【表示例④ページiv】

打消し表示①

打消し表示②

【打消し表示①、②の表示方法の確認ポイント】
・強調表示と打消し表示の距離
・打消し表示の文字の大きさ
・打消し表示の文字とその背景の色や模様

スマートフォンの調査の表示例⑤

【強調表示及び打消し表示（表示全体は次頁以降を参照）】

【打消し表示「※1」の趣旨】

- 「有効成分が体内で糖類を分解」との強調表示に対する打消し表示「※1」からは、当該効果は試験管や培養器等の中で体内と同様の環境を人工的に作って行った試験（「in vitro 試験」）で実証されたものであり、体内で効果を実証したものでないことが理解できる。
- また、商品を製造する前に抽出した「マルトデキストリン」という成分の働きが実証されているだけで、製造された商品そのものについて試験を行っていないことも理解できる。

【打消し表示「※2」の趣旨】

- 「有効成分が体内で糖類を分解」との強調表示に対する打消し表示「※2」からは、商品の製造過程において加熱殺菌処理を行うため、製造された商品そのものについては、表示された糖類を分解する効果は失われている場合があることが理解できる。

資料編

【表示例⑤ページⅰ】　　　　　【表示例⑤ページⅱ】

スマートフォンの調査の表示例⑤

【表示例⑤ページiii】　【表示例⑤ページiv】

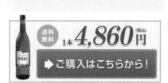

資料編

視線調査の表示例①

【打消し表示①の趣旨（表示全体から認識される内容）】
　「万が一、お口に合わない場合全額を返金します!!」との強調表示①に対する「本商品を未開封に限り全額返金いたします」との打消し表示①の趣旨としては、1箱4,800円で購入した商品（本商品）を開封する前の時点で、購入特典である無料の「お試し約7日分」の方を食べて満足できない場合に限り、未開封の本商品を返品できるというものである。
　当該打消し表示の内容を理解するためには、前提として、「今ならお試し約7日分が無料」との強調表示②の内容を理解した上で、「万が一、お口に合わない場合全額を返金します!!」との強調表示が「お試し約7日分」の方を食べて満足できない場合を意味していることを理解する必要がある。

視線調査の表示例②

　視線調査の表示例②では、「熟睡マットレスお試し価格でご提供10,000円」との強調表示に対して、「※お試し価格はシングルサイズの場合のみ。」との打消し表示①及び「●お試し価格での購入には、特別お試しセットの申込みが条件となります。」との打消し表示②が表示されていた。

　「※お試し価格はシングルサイズの場合のみ。」との打消し表示①からは、マットレスの4種類のサイズ（シングルサイズ、セミダブルサイズ、標準サイズ及びクイーンサイズ）のうち、シングルサイズのみが割引が適用されることが理解できる。

　また、「●お試し価格での購入には、特別お試しセットの申込みが条件となります。」との打消し表示②からは、マットレスの割引の適用を受けるためには、マットレスを単品で購入することはできず、枕及びシーツが付いた「特別お試しセット」を購入することが条件であることが理解できる。

資料編

視線調査の表示例③

　視線調査の表示例③では、「今、入会をお申込みいただいた方には、もれなく国産オリーブオイル『淡路島オリーブオイル』をプレゼント!!」との強調表示に対して、「過去に弊社のサイトで注文いただいた方や、お試しコースをご注文いただいた方は、国産オリーブオイルの特典が付きません。」との打消し表示が表示されていた。

　このため、初めて購入する消費者が、先に「お試しコース」を注文した後、入会した場合はオリーブオイルの特典が付かないことになる（先に入会した後、「お試しコース」を注文した場合はオリーブオイルの特典が付くことになる。）。

調査に用いた表示例①の改善例

【表示方法の特徴】
・強調表示が最初の画面に表示されているのに対し、打消し表示はページ下部の「よくある質問」のアコーディオンパネルに表示されている。
・初期の状態では、4つの質問項目のラベルのみが表示されており、各項目に対する回答は表示されていない。各項目のラベルをタップすると各項目に対応する回答が表示される。

資料編

【改善のポイント】
・強調表示に近接して打消し表示を表示する
・打消し表示をアコーディオンパネル内ではなく、Webページ上に表示する
・打消し表示の文字の大きさも、強調表示と同程度にする
・強調表示と打消し表示の文字の色や背景の色を統一する
・表示内容を分かりやすい内容で明瞭に表示する

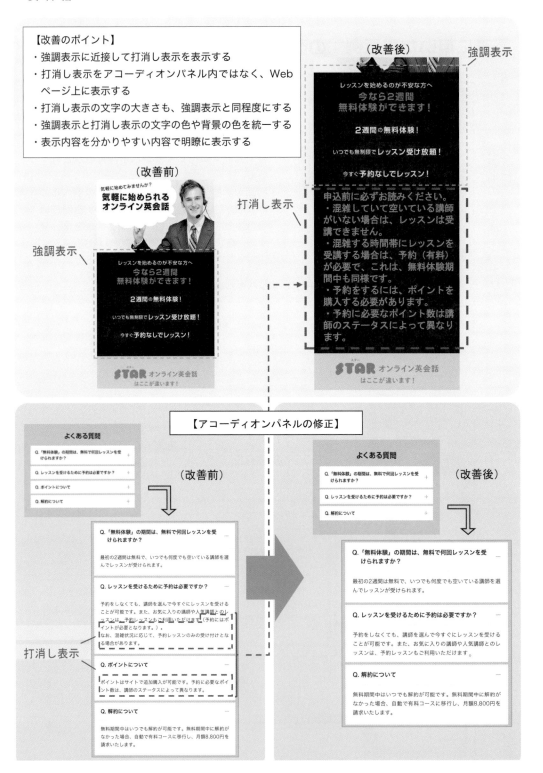

調査に用いた表示例②の改善例

【表示方法の特徴】
- Webページ上の「定期コースを申し込む」、「おトクにはじめる」又は「今回のみではじめる」の表示（コンバージョンボタン）をタップすると、その時点で見ている画面から自動で下にスクロールして「ご注文フォーム」に移動する。
- 「定期コース」は時期の制約なく解約できるという強調表示に対し、当該強調表示に隣接した箇所に、例外がある旨の打消し表示が表示されている。下にスクロールしたところにも、同じ強調表示と打消し表示が隣接して表示されている。
- 「定期コース」は時期の制約なく解約できるという強調表示に対し、当該強調表示から離れた別の画面に解約条件に関する打消し表示が表示されている。
- 「トクトクコース」の初回価格の安さをうたう強調表示に対し、当該強調表示から離れた別の画面に解約条件に関する打消し表示が表示されている。さらに下にスクロールすると、同じ強調表示及び打消し表示が同一画面に表示されている。

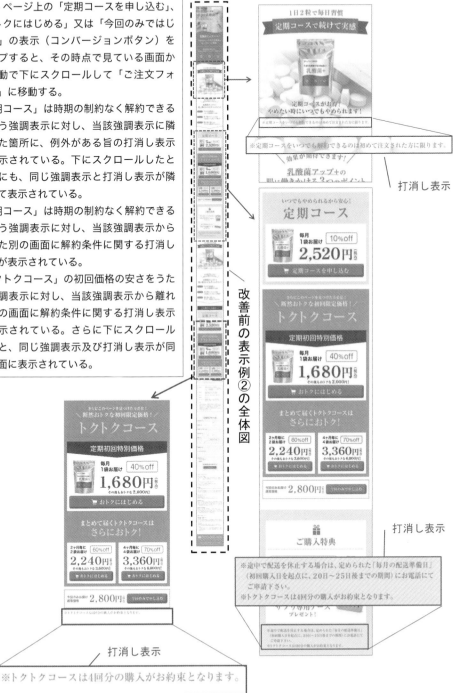

資料編

【改善のポイント】
・強調表示に隣接して打消し表示を表示（内容に応じて記載）する
・打消し表示の文字の大きさも、強調表示と同程度にする
・強調表示と打消し表示の文字の色や背景の色を統一する
・強調表示と打消し表示を同じ文脈で表示する
・表示内容を分かりやすい内容で明瞭に表示する

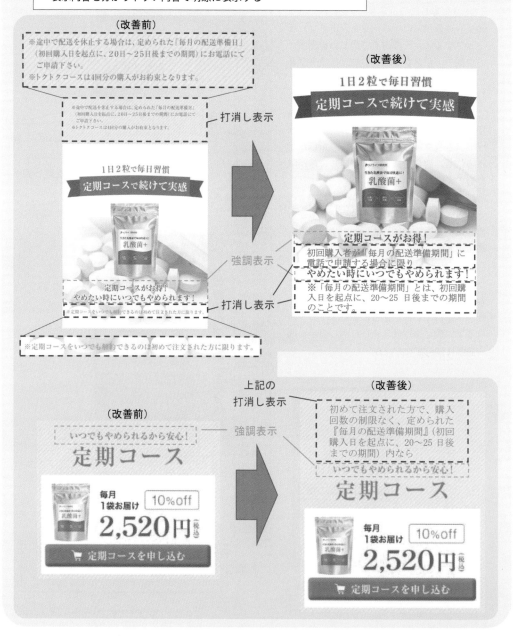

調査に用いた表示例②の改善例

【改善のポイント】
・強調表示に隣接して打消し表示を表示（内容に応じて記載）する
・打消し表示の文字の大きさも、強調表示と同程度にする
・強調表示と打消し表示の文字の色や背景の色を統一する

（改善前）

（改善後）

打消し表示
強調表示
打消し表示

【改善のポイント】
・強調表示に隣接して打消し表示を表示（内容に応じて記載）する
・打消し表示の文字の大きさも、強調表示と同程度にする
・強調表示と打消し表示の文字の色や背景の色を統一する
・表示内容を分かりやすい内容で明瞭に表示する。

207

資料編

調査に用いた表示例③の改善例

【表示方法の特徴】
- 最初の画面からスクロールする間、常に画面下部に「お買い得の1,980円！ご注文手続きへ」と表示されており、当該表示（コンバージョンボタン）をタップすると、その時点で見ている画面から自動で下にスクロールして「ご注文フォーム」に移動する。
- 購入特典としてDVDが付いてくるという旨の強調表示に対し、当該強調表示に隣接した箇所に打消し表示が表示されている。
- 返品保証に関する強調表示に対し、当該強調表示から離れた別の画面に打消し表示が表示されている。

調査に用いた表示例③の改善例

（改善前）

【改善のポイント】
・強調表示に隣接して打消し表示を表示（内容に応じて記載）する
・打消し表示の文字の大きさも、強調表示と同程度にする
・強調表示と打消し表示の文字の色や背景の色を統一する
・強調表示と打消し表示を同じ文脈で表示する

打消し表示

（改善後）

打消し表示

打消し表示

209

資料編

【改善のポイント】
・強調表示に隣接して打消し表示を表示（内容に応じて記載）する
・打消し表示の文字の大きさも、強調表示と同程度にする
・強調表示と打消し表示の文字の色や背景の色を統一する
・強調表示と打消し表示を同じ文脈で表示する
・表示内容を分かりやすい内容で明瞭に表示する

調査に用いた表示例④の改善例

強調表示

改善前の表示例④の全体図

打消し表示

【表示方法の特徴】
・最初の画面及び下に1スクロールした画面に強調表示が表示されているのに対し、Webページを最下部までスクロールした場所に打消し表示が表示されている。
・2つの強調表示に近接してそれぞれ「※1」、「※2」と表示され、打消し表示の冒頭にも「※1」、「※2」と表示されている。

※1 「スマホ特割1Gプラン」および「スマホ特割5Gプラン」は、当社指定のスマートフォン機種をご購入いただくか機種変更をいただくことでご利用いただけます。
「スマホ特割1Gプラン」および「スマホ特割5Gプラン」適用時における、ご利用開始月から12ヵ月間の料金です。13ヵ月目以降は割引の一部が適用されません。

※2 一部、当社が指定する通話は通話料無料の対象外となります。

211

資料編

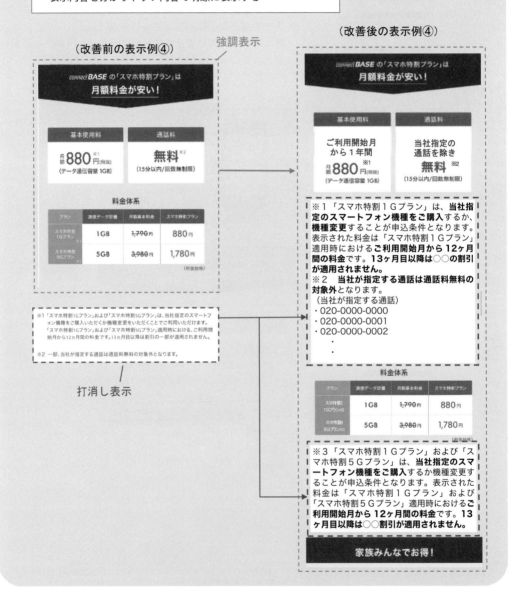

参　　考

参　考

　消費者庁が平成 30 年 11 月 13 日に公表した「携帯電話等の移動系通信の端末の販売に関する店頭広告表示についての景品表示法上の考え方等の公表について」は、打消し表示に関する実態調査報告書の考え方を踏まえてとりまとめたものである。次頁以降、内容に係る全文を掲載する。

1．携帯電話等の移動系通信の端末の広告表示に係る相談の状況
　携帯電話等の移動系通信の端末（以下「携帯電話等」という。）の販売においては、想定外のオプション契約が必要であった、スマートフォンの回線契約のほかに光回線契約を締結させられたといった相談がみられる（別紙）。
　これらの相談事例は必ずしも広告表示に起因するものではないが、事業者による適切な表示が行われることにより、一般消費者の想定外の契約締結の防止に資することから、今般、以下のとおり、携帯電話等の広告表示に係る不当景品類及び不当表示防止法（以下「景品表示法」という。）上の考え方等を整理した。

2．携帯電話等の販売価格の表示と景品表示法上の考え方等について
(1)　景品表示法上の考え方
　携帯電話等の通信事業者又は代理店（以下「事業者」という。）における携帯電話等の広告[1]において、例えば、特段の条件なく安価に携帯電話等を購入できるかのように表示しているが、実際には、当該代金で携帯電話等を購入するためには様々な適用条件が設定されており、当該代金を支払うだけでは携帯電話等を取得できないような場合がある。こうした表示方法により、取引条件について、実際のものよりも取引の相手方に著しく有利であると一般消費者に誤認されるときは、景品表示法上問題となるおそれがある。
　また、当該適用条件が広告に記載されていたとしても、例えば、文字が小さい場合や配置箇所が強調された代金の表示と離れている場合など、一般消費者がその内容を正しく認識できないような場合は、同じく景品表示法上問題となるおそれがある[2]。
　「3．景品表示法上問題となるおそれのある表示例」において、携帯電話等を安価で購入するための適用条件別に、景品表示法に違反するおそれのある表示例を示した。

---

[1] 景品表示法において規制の対象となる表示とは、顧客を誘引するための手段として、事業者が自己の供給する商品又は役務の取引に関する事項について行う広告その他の表示であって内閣総理大臣が指定するものをいう。内閣総理大臣が指定するものとは、「不当景品類及び不当表示防止法第2条の規定により景品類及び表示を指定する件」（昭和37年公取委告示第3号）において定められており、例えば、商品パッケージ、チラシ、ポスター、看板、放送、インターネット広告などのほか、口頭による広告（セールストーク）や、事業者によるTwitter等のSNS上の表示も含まれる。
[2] (ⅰ)「打消し表示に関する実態調査報告書」（平成29年7月公表）、(ⅱ)「スマートフォンにおける打消し表示に関する実態調査報告書」（平成30年5月公表）及び(ⅲ)「広告表示に接する消費者の視線に関する実態調査報告書」（平成30年6月公表）において、打消し表示の文字が小さい場合、打消し表示の配置場所が強調表示から離れている場合、打消し表示が表示されている時間が短い場合などには、一般消費者は打消し表示に気付かなかったり、打消し表示に気付いたとしても強調表示と打消し表示を一体として認識することができなかったりすることにより、商品・サービスの取引条件について正しく認識することができないことが実証されている。

参　考

(2) 消費者にとって分かりやすい表示に向けての留意点

　事業者においては、携帯電話等の広告において、景品表示法に違反する表示を行わないことは当然であるが、以下の点に留意することが求められる。

　携帯電話等の広告表示においては、安価な販売価格が適用されるための詳細な適用条件を記載する代わりに「詳しくは店員に（店頭で）」との記載が散見されるところ、携帯電話等が特別に安く販売される条件として、例えば、契約者のニーズよりも過大な容量のデータ通信が可能となる高額な料金プランに加入する必要があるような場合であって、当該料金プラン名は記載されているがその具体的な内容や料金が明記されていないときには、当該契約者は、想定外に必要以上の月額利用料金を負担することがある。また、契約者にとって不要なオプション契約を締結することが条件となっている場合であって、当該オプション契約の内容や料金が明記されていないときには、契約期間が長くなるほど不要な費用負担の合計額が大きくなったり、当初無料のオプション契約が一定期間経過後に有料となっているのに気が付かず、いつの間にか料金を支払っていたりすることがある。

　以上の例のように、携帯電話等を安く販売するための適用条件である料金プランやオプション等について、具体的な内容や金額を広告に明瞭に記載していない場合、一般消費者は、必要以上の費用負担をしているおそれがある。

　一般的に、携帯電話等を安く購入するための適用条件や契約内容は複雑で難しい内容のものも多く、一般消費者が事業者から一方的に口頭で説明を受けたとしても、一度聞いただけでは一般消費者が全てを正確に理解することは難しい。

　したがって、事業者は、携帯電話等の広告表示において、景品表示法違反のおそれのある行為が行われることのないよう十分に注意するとともに、広告表示において、適用条件や費用負担の具体的な金額を明瞭に記載し、丁寧な説明を行うなど、一般消費者に対する適切な情報提供に努めることが求められる。

　消費者庁において公表された打消し表示に関する実態調査報告書[3]において示しているとおり、例えば、携帯電話等の料金の強調表示[4]と、その打消し表示[5]となる適用条件を表示するような場合は、一般消費者が強調表示と打消し表示の両方を正しく認識できるように、強調表示と打消し表示とを一体として認識できるように表示すること、また、一般消費者が打消し表示の内容を理解できるような内容で分かりやすく表示することが求められる。

---

[3] 注釈2記載の報告書と同じ。
[4] 事業者が、自己の販売する商品・サービスを一般消費者に訴求する方法として、断定的表現や目立つ表現などを使って、品質等の内容や価格等の取引条件を強調した表示。
[5] 強調表示からは一般消費者が通常は予期できない事項であって、一般消費者が商品・サービスを選択するに当たって重要な考慮要素となるものに関する表示。

2

3．景品表示法上問題となるおそれのある表示例
(1) 販売価格の適用条件が明瞭に表示されておらず[6]、景品表示法上問題となるおそれのある表示例
　ア　指定の回線契約が条件であることが記載されていない表示
　　ＳＩＭフリーのスマートフォンについて、端末の販売価格の安さを強調して表示しているが、実際には、別途指定の回線契約が必要であるにもかかわらず、その旨が表示されていない場合
　＜表示例＞

> ○　「格安！ＳＩＭフリースマホ」、「ＳＩＭフリースマホが格安」及び「特価 10,000 円」と記載することにより、あたかも、特段の条件なくＳＩＭフリースマートフォンの端末を「10,000 円」で購入できるかのように表示
>
>
>
> ●　実際には、以下の適用条件が存在する。
> 　・　販売店が契約代理店となっている通信回線事業者との通信契約をすること

---

[6] 以下、ア～カでは適用条件を記載していない表示例を示しているが、適用条件が記載されている場合であっても、その文字が小さいなど明瞭に記載されず一般消費者に認識されないときも景品表示法に違反するおそれがある。

参　考

イ　他社からの乗換えが条件であることや一定期間の通信契約の継続を前提とした価格であることが記載されていない表示
　　携帯電話等の販売価格の安さを強調して表示しているが、実際には、当該販売価格で購入できるのは他社から乗換えを行う者に限られ、当該販売価格は一定期間の通信契約の継続を前提とした価格であるにもかかわらず、その旨が表示されていない場合

＜表示例＞

○　「格安端末」及び「本体一括　2,018円」と記載することにより、あたかも、誰でも、特段の条件なく「2,018円」でスマートフォン端末を購入できるかのように表示

● 実際には、以下の適用条件が存在する。
・　他社からの乗換え（※）であること
・　「本体一括2,018円」とするためには、特定の通信事業者との通信契約を最低12か月間利用することを約束する「購入サポート」を受ける必要があり、携帯電話等の購入から12か月以内に通信契約を解約する場合は、2年契約の違約金とは別に、当該「購入サポート」の違約金が30,000円かかること
（※）消費者が、通信契約とセットで携帯電話等を購入しようとする場合、通常、「新規契約」、「他社からの乗換え」又は「機種変更」のいずれかとなる。

4

ウ　有料オプションへの加入が条件であることや一定期間の通信契約の継続を前提とした価格であることが記載されていない表示

　　携帯電話等の販売価格の安さを強調して表示しているが、実際には、当該販売価格で購入するためには、販売店が指定する有料オプションサービスに加入する必要があり、当該販売価格は一定期間の通信契約の継続を前提とした価格であるにもかかわらず、その旨が表示されていない場合

＜表示例＞

○　「特別価格！！」及び「実質負担金０円」と記載することにより、あたかも、特段の条件なく「実質負担金０円」でスマートフォン端末を購入できるかのように表示

● 実際には、以下の適用条件が存在する。
・　指定の有料オプションサービス（※）である「端末補償サービス」への加入
・　実質負担金０円とするためには、携帯電話等の価格を 24 で割った金額を、毎月の通信料から割り引くプランに加入する必要があり、24か月以内に当該プランを途中解約すると、２年契約の違約金と割賦支払金額の残額を負担することとなること
（※）携帯電話等の回線契約において、通話料や通信料以外に費用が発生する「端末補償サービス」や「インターネットセキュリティサービス」などのオプションサービスが用意されていることがあり、これらのオプションサービスへの加入が条件とされていることがある。

参考

エ　携帯電話等以外の他の通信サービス（以下「他の通信サービス」という。）への加入が条件であることが記載されていない表示

　　携帯電話等の販売価格の安さを強調して表示しているが、実際には、当該販売価格で購入するためには、他の通信サービスへの加入が必要であるにもかかわらず、その旨が表示されていない場合

＜表示例＞

○　「新規限定」及び「本体価格１円」と記載することにより、あたかも、回線契約を新規で契約すれば、特段の条件なく「１円」でスマートフォン端末を購入できるかのように表示

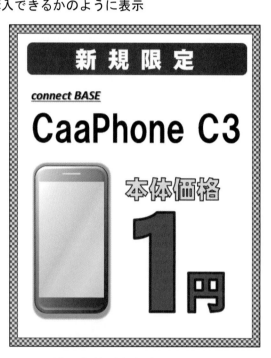

● 実際には、以下の適用条件が存在する。
・ 他の通信サービス（※）である「インターネット接続サービス」への加入
（※）固定通信のインターネット接続サービスや自宅用 Wi-Fi などを契約することが、表示されている価格で携帯電話等を購入する条件とされている場合がある。

　　当該販売価格の適用条件である他の通信サービスを提供している事業者と、携帯電話等の通信事業者とが異なっている場合、その後、一般消費者が携帯電話等の通信契約を解約する際に、同契約を解約したことをもって、他の通信サービスも解約できると誤認し、意図せず他の通信サービスの利用料金を支払い続けてしまうことがある。このような誤認を招かないよう、事業者においては、解約手続を明瞭に記載し、かつ丁寧な説明を行うことが求められる。

オ　キャッシュバックの適用条件が記載されていない表示
　　他社からの乗換えにより携帯電話等を購入すれば、キャッシュバックが受けられるかのように表示しているが、実際には、キャッシュバックを受けるためには様々な適用条件があるにもかかわらず、その旨が表示されていない場合

＜表示例＞

○　「他社からのりかえ＋『CaaPhone C3』購入で」及び「10,000円キャッシュバック」と記載することにより、あたかも、他社からの乗換えにより指定の携帯電話等を購入すれば、「10,000円」のキャッシュバックが受けられるかのように表示

●　実際には、キャッシュバックの適用には以下の条件が存在する。
　・　販売店が指定した有料オプションサービスへの加入
　・　家族複数名での契約が必要

参　考

カ　下取りを前提とした価格であることが記載されていない表示
　　携帯電話等の販売価格の安さを強調して表示しているが、実際には、当該販売価格で購入するためには、不要になった携帯電話等の下取りが必要であるにもかかわらず、その旨が表示されていない場合

＜表示例＞

○　「大特価商品」及び「1,080円」と記載することにより、あたかも、特段の条件なく「1,080円」でスマートフォン端末を購入できるかのように表示

● 実際には、以下の適用条件が存在する。
・　不要になった携帯電話等の下取りを行うこと

　また、下取りキャンペーンが適用された場合の価格であることが明瞭に記載されていたとしても、例えば、「下取り対象機種に故障がなく正常に動作すること」が条件であるにもかかわらず、このことが明瞭に記載されていないなど、下取りキャンペーンの適用条件が明瞭に記載されていない場合も、景品表示法上問題となるおそれがある。

キ 「詳しくは店員に(店頭で)」等との表示
　携帯電話等の販売価格の安さを強調して表示しているが、実際には、当該販売価格で購入するためには別途適用条件があり、その旨が表示されておらず、かつ、「詳しくは店員に(店頭で)」等との記載があるものの、一般消費者が当該記載を認識できないような場合

＜表示例＞

○ 端末代金について、「本体特価9,980円」と記載し、「詳しくは店員に」と記載するものの、当該記載は一般消費者に認識されない記載であることにより、あたかも、「9,980円」でスマートフォン端末を購入できるかのように表示

● 実際には、以下の適用条件が存在する。
　・ 指定の有料オプションサービスへの加入

参　考

(2) 台数限定や期間限定の表示が景品表示法上問題となるおそれのある表示例

　ア　台数限定表示

　　携帯電話等の販売価格の安さと、当該価格での販売台数が限定されている旨を強調して表示しているが、実際には、販売台数に制限がない場合

＜表示例＞

○　「10台限り」及び「本体特価 9,980 円」と記載することにより、あたかも、当該販売価格でのスマートフォン端末の販売は台数限定であるかのように表示

● 実際には、販売台数に限定がない。

イ 期間限定表示
　携帯電話等の販売価格の安さと、当該価格での販売期間が限定されている旨を強調して表示しているが、実際には、販売期間の延長が繰り返されている場合

＜表示例＞

○ 「期間限定　9月30日まで」及び「10,000円」と記載することにより、あたかも、当該販売価格でのスマートフォン端末の販売は期間限定であるかのように表示

● 実際には、販売期間の延長が繰り返されている。

参　考

4．消費者意識調査の概要

　今般、消費者庁において、携帯電話等の広告を調査したところ、「詳しくは店員に（店頭で）」等と記載し、具体的な適用条件を記載していない店頭広告が見られた。こうした表示方法が一般消費者の商品選択にどのような影響を与えているか等について、1,000人に対するアンケート調査を実施して実態を把握した。

【強調表示に関する適用条件を広告表示には具体的に記載しない表示例】

○　端末代金について、「オプションサービス加入で」及び「本体特価9,980円」と記載し、「詳しくは店員に」と記載があるものの、「オプションサービス」の具体的な内容や料金負担等の詳細は明瞭に表示されていない。

● 本件「オプションサービス」とは、端末補償やインターネットセキュリティ等を内容とするもので、月額1,000円の追加料金が発生し、加入後3か月経過しないと解約することができないサービスである。

　調査の結果、店員の説明を理解できなかった人は27.8％で、そのうち、理解できないまま契約した人が38.7％となった。また、安い価格の適用を受けるための条件をいつまで充足し続けたか尋ねたところ、現在も契約を続けている人が51.4％あり、契約内容を十分理解しないまま契約を続けている事例が一定数あることが明らかになった。

(1) 【注意を引き付けられる広告表示の内容について】
　どのような携帯電話等の広告表示に注意を引き付けられるかについては、「『今なら半額』、『一括０円』、『本体特価○○円』などの強調された表示」や「『半額』、『一括０円』、『本体特価○○円』といった安い価格が適用されるための条件の表示」が選択された割合はそれぞれ65.0％、46.2％に上った一方で、「細かい注意書きの部分」や「『詳しくは店員に（店頭で）』という記載」が選択された割合は、それぞれ僅か11.4％、7.6％にとどまった。

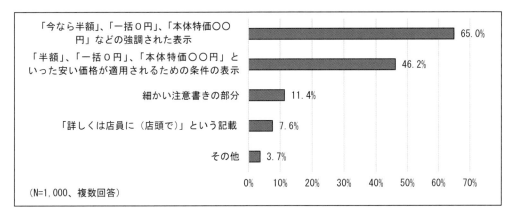

(2) 【「詳しくは店員に（店頭で）」との記載について】
　携帯電話等の店頭広告内に「詳しくは店員に（店頭で）」との記載を見たことがない人は54.1％いた。

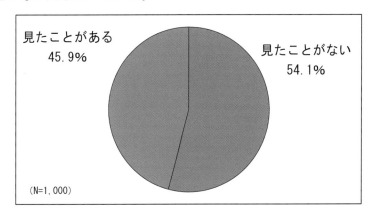

参　考

(3) 【店員への確認の有無について】
　　携帯電話等の購入を検討している状況で、その店頭広告内に「詳しくは店員に（店頭で）」という記載を見た場合、自分から店員に確認する人が58.3％いた一方で、確認しない人も41.7％いた。

(4) 【店員から詳しい説明を受けたことの有無について】
　　携帯電話等の購入を検討している状況で、その店頭広告内に「詳しくは店員に（店頭で）」という記載を見た場合、自分から特に求めない段階で、店員から詳しい説明を受けたことがある人が38.7％にとどまった一方で、受けたことがない人は61.3％に上り、説明を受けたことがない人がある人を大幅に上回った。

(5) 【購入条件の理解の可否について】
　　携帯電話等の購入を検討している状況で、その店頭広告内の「詳しくは店員に（店頭で）」という記載を見て、実際に店員から説明を受けたとき、安い価格で携帯電話等を購入するための条件（有料のオプションサービスへの加入等）を理解することができた人が72.2％いた一方で、27.8％の人は理解できていなかった。

(6) 【購入条件を理解できなかった場合の契約締結の有無について】
　　携帯電話等の購入を検討している状況で、店員から説明を受けても、安い価格で携帯電話等を購入するための条件の一部又は全部を理解することができなかった場合、理解できないまま契約をしたことはない人が61.3％いた一方で、理解できないまま契約を締結したことがある人も38.7％いた。

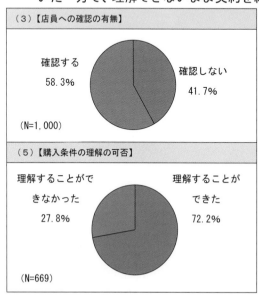
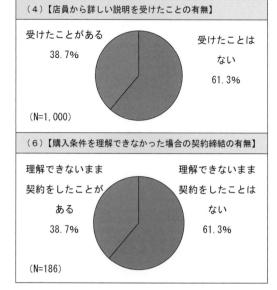

(7) 【購入条件を理解できなかった場合に契約を締結した理由について】
　　携帯電話等の購入を検討している状況で、店員から説明を受けても、安い価格で携帯電話等を購入するための条件の一部又は全部を理解することができなかった場合、それでも契約したことがある理由としては、「契約内容や条件が複雑で、全てを理解するのは無理だと思ったから」が62.5%で一番多く、そのほか「少しくらい分からないことがあっても、特に困らないと思ったから」が34.7%、「契約内容や条件などの難しい説明は、あとから確認すればよいと思ったから」が13.1%だった。

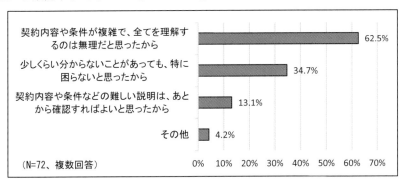

(8) 【購入条件を理解できないまま契約を締結した場合における当該条件の継続期間について】
　　携帯電話等の購入を検討している状況で、店員から説明を受けても、安い価格で携帯電話等を購入するための条件の一部又は全部を理解することができなかったにもかかわらず、それでも契約を締結した場合、その後、当該条件（有料オプションサービス等）を充足し続けていた期間は、「現在も契約を続けている」人が51.4%で過半を占め、そのほか解約までの期間が「1ヶ月以内」が20.8%、「1年超～2年以内」が9.7%、「1ヶ月超～3ヶ月以内」が8.3%、「3ヶ月超～1年以内」が5.6%と続き、「2年超は続けていたが、解約した」人は4.2%いた。

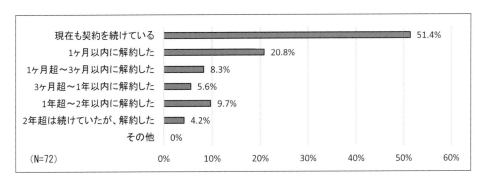

参　考

(9) 【購入条件を理解できた上で契約を締結した理由について】
　　携帯電話等の購入を検討している状況で、店員から説明を受けたところ、安い価格で携帯電話等を購入するための条件（有料のオプションサービスへの加入等）があることが理解できた場合、それでも契約を締結したことがある理由としては、「条件が必要だとしても、安く携帯電話等を購入した方が得だと思ったから」が70.8％と多く、続いて「よくある条件だと思い、条件の内容や費用について特に気にしなかったから」が31.7％だった。

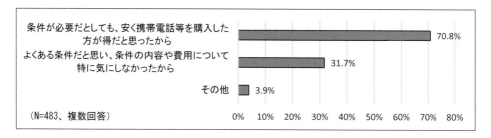

(10) 【「詳しくは店員に（店頭で）」という広告表示に対する要望について】
　　「詳しくは店員に（店頭で）」という広告表示をどのようにしてほしいかについては、「『詳しくは店員に（店頭で）』との記載で済ませるのではなく、契約に当たっての条件を簡潔で明瞭に記載してほしい」が選択された割合は47.6％、「そもそも店員に詳しく聞かなくても済むようにしてほしい」が45.8％と続き、「『詳しくは店員に（店頭で）』の記載を、目立つように記載してほしい」が選択された割合は22.8％だった。

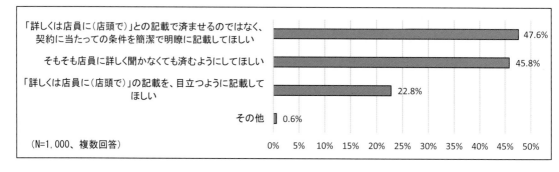

(11) 年代別の特徴
   ア　購入条件の理解の可否について
　　　携帯電話等の購入を検討している状況で、その店頭広告内の「詳しくは店員に（店頭で）」という記載を見て、実際に店員から説明を受けたとき、安い価格で携帯電話等を購入するための条件（有料のオプションサービスへの加入等）を理解することができなかったと回答した人について、年代別に内訳をみると、20代では18.5％、30代～50代でも21.3％～30.1％にとどまるのに対し、60代以上では39.9％と高い比率となっていた。

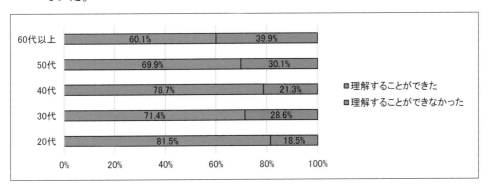

   イ　購入条件を理解できないまま契約を締結した場合における当該条件の継続期間について
　　　携帯電話等の購入を検討している状況で、店員から説明を受けても、安い価格で携帯電話等を購入するための条件の一部又は全部を理解することができなかったにもかかわらず、それでも契約を締結した場合、その後、当該条件（有料オプションサービスへの加入等）を、現在も充足し続けていると回答した人について、年代別に内訳をみると、20代～50代では27.3％～50％であるのに対し、60代以上では72.7％もの人が現在も当該条件（有料オプションサービスなど）を充足し続けていた。

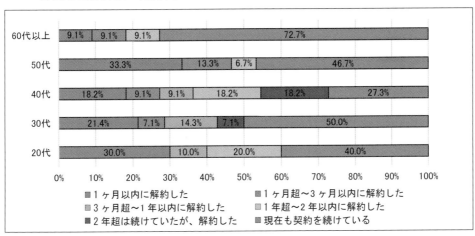

参　考

|別紙|

参考　全国の消費生活センターに寄せられた主な相談事例

○　スマートフォンを機種変更した。利用明細を見たら、機種変更する前よりも請求額が10,000円弱増えていた。明細内容について問い合わせたら、契約した覚えのないオプション契約7つセットが3,618円で付けられていた。

○　月々3,208円しかかからないと勧誘されてスマートフォンを購入した。引き落としされた金額が4,582円であったため、携帯会社に電話確認したところ、スマートフォンの基本料金3,208円に端末補償サービス等の有料オプション契約が付いていることが分かった。そんな説明は一切なかった。

○　携帯ショップで、キャッシュバックがあると知ったので、スマートフォンの契約をした。その時、Wi-Fi機器の1週間お試しを勧められたので応じたところ、いつの間にかWi-Fi機器が本契約になっていた。携帯ショップに行き、Wi-Fi契約を解約したいと伝えたところ、解約は可能であるがキャッシュバックはできないと言われた。

○　30,000円のキャッシュバックがあると広告されていたので、他社から乗り換えようと販売店に行った。しかし、実際に契約に行くと、キャッシュバックを受けるためには、メーカーの保証ではなく販売店が提携している保証会社の有料保証に入らなければならず、また、8個の有料コンテンツにも入らなくてはいけないと言われた。

○　スマートフォンが下取りできると思って機種変更した。データを移す関係で、機種変更の当日には下取りに出さず、後日販売店に行き下取りを依頼したところ、下取りの対応機種ではないことと、機種が故障していることを理由に下取りできないと言われた。

○　「端末代金が無料」と説明を受け、2年契約でスマートフォンを購入した。別の会社に乗り換えようと、途中解約したところ、端末代金の残債として18,000円を一括請求された。携帯会社に説明を求めたところ、実際は、無料ではなく、端末代金を24か月（2年間）で分割した金額を通信費から値引きすることで実質0円になるため、2年契約の途中で解約した場合は端末代の残債を一括請求することになっていると言われた。

別冊 NBL No.169
強調表示と打消し表示に関する景品表示法上の考え方
——調査報告書の概説と関連分野からの考察・評価

2019年4月15日　初版第1刷発行

編集代表	大　元　慎　二	
編 著 者	糸　田　省　吾	河　原　純一郎
	土　橋　治　子	村　　　千鶴子
発 行 者	小　宮　慶　太	

発 行 所　株式会社　商　事　法　務
〒103-0025　東京都中央区日本橋茅場町3-9-10
TEL 03-5614-5651・FAX 03-3664-8844〔営業部〕
TEL 03-5614-5647〔NBL編集部〕
https://www.shojihomu.co.jp/

落丁・乱丁本はお取り替えいたします。　　印刷／そうめいコミュニケーションプリンティング
© 2019 Shinji Omoto　　　　　　　　　　　　　　　　Printed in Japan
Shojihomu Co., Ltd.
ISBN978-4-7857-7141-6
＊定価は表紙に表示してあります。

JCOPY ＜出版者著作権管理機構 委託出版物＞
本書の無断複製は著作権法上での例外を除き禁じられています。
複製される場合は、そのつど事前に、出版者著作権管理機構
(電話03-5244-5088、FAX 03-5244-5089、e-mail: info@jcopy.or.jp)
の許諾を得てください。